日本心理学会 心理学叢書

# 大学で心理学を学びたいと思ったときに読む本

## 心の科学への招待

日本心理学会 監修　富田健太・讃井 知 編

誠信書房

# 心理学叢書刊行にあたって

　日本心理学会では，2011 年の公益社団法人化を契機として，公開シンポジウムの実施を拡充し，全国各地で開催しています。いずれのシンポジウムも大変なご好評を頂いており，参加がかなわなかった方々からも講演の内容を知ることができないかといったご要望を頂戴してまいりました。そうした声にもお応えできるよう，シンポジウムの内容をさらに充実させ，わかりやすくご紹介することを目的に，2014年から心理学叢書を刊行してまいりました。

　しかし 2020 年春から始まったコロナ禍で，対面でのシンポジウムの開催を実施することが難しい状況となり，このところオンラインでの開催に切り替えて実施しているところです。それに伴い，本心理学叢書についても，その対象を拡大し，教育研究委員会が取り扱ってきた公開シンポジウムだけではなく，これからは，学会行事および他の委員会のシンポジウムや活動等，学会活動全般を対象として新たに刊行を進めていく予定です。

　編者や執筆者の方々はもちろんのこと，シンポジウムの企画・運営にその中心となってお骨折り頂いている教育研究委員会，とりわけ講演・出版等企画小委員会の皆様をはじめとし，本叢書の刊行に関わってくださったすべての皆様に厚く御礼を申し上げます。

　2024 年 3 月吉日

公益社団法人日本心理学会　理事長　　阿部　恒之

# 編者はじめに

## メンタリズムと心理学

　メンタリズムという言葉が一時期有名になり，「心理学を学ぶと，相手の心が読める」と考える人たちが少し増えたように思います。そして，メンタリストになりたくて心理学を学ぼうとした人が，科学としての心理学を知り，「こんなはずじゃなかった」と嘆くことも多々あります。そもそも，メンタリズムは海外ではメンタルマジックと呼ばれることもあるように，マジックの手法を使って，相手の心を読んだフリをするパフォーマンスやエンターテインメントです（もしかしたら，メンタリストのなかには，相手のしぐさなどから，本当に心を読める達人もいるかもしれません）。

　「相手の心を読む」というパフォーマンスを「嘘つき」と批判する人もいますが，マジックとはそういうものです。例えば，有名なトランプマジックに，トランプの束の真ん中に入れたカードが指を鳴らすと上に上がってくるというものがあります。「指を鳴らすと，カードが上に上がってきます」が決まり文句です。しかし，当然ですが，指を鳴らしたタイミングでカードが上がっているわけはないのです。これは，マジックの演出の一部なので問題はありません。メンタリストの「あなたの表情から，あなたの考えていることを当てます」というのも，もちろん演出の一部なので問題はないはずです。

　重要なことは，基本的に，心理学を学んだ先にメンタリストのように活躍できる未来はないということです。メンタリストになりたいのであれば，マジックの練習をするほうが近道です。メンタルマジックに関する本もたくさん出版されていますので，興味がある人は読んでみるとよいでしょう。

　最近はさまざまな動画共有サービスなどで，プロのマジシャンがマジックの種明かしの動画を公開しています。ここでも，「相手が心のなかで選んだカードを当てる」という練習不要でできる簡単なメンタルマジックを1つ紹介しましょう。

メンタリストが観客に次のように言います。

「トランプのエースを思い浮かべてください。トランプのマークはハート，ダイヤ，スペード，クラブの4種類ですね。1つのマークを選んで頭に思い浮かべてください。ちなみに，ハートはみんなが選びやすいマークです。もちろん，ハートを選んでもいいですし，選ばれづらいクラブを選んでもいいですよ。」

その後，観客の一人に，実際に思い浮かべたマークを言ってもらいます。すると，メンタリストのポケットから観客が選んだカードが出てきます。そして，最後に「あなたは私に，このカードを選ぶように誘導されたのです」と言って締めくくります。目の前で突然，このマジックをされるとかなり不思議に見えるでしょうが，実は簡単です。最初から，ジャケットとズボンの左右のポケット計4か所に，ハート・ダイヤ・スペード・クラブのエースをそれぞれ入れておき，観客が選んだマークのカードだけを堂々と出して見せるのです（入れた場所をしっかり覚えておく必要があります）。このように，メンタリズムを習得したいのであれば，心理学ではなくマジックを学ぶほうがいいでしょう。

## 世間の心理学と大学の心理学

「心理学的に，嘘をつくときには右上を見る」という話を聞いたことがあるかもしれません。しかし，これは心理学ではなく，ジョン・グリンダーとリチャード・バンドラによって1970年ごろに確立された神経言語プログラミング（neuro linguistic programing: NLP）という領域から提案された知見です。NLP は心理学と同じように人の心を対象とする分野であり，NLP の理論は科学的な心理学の知見も部分的に盛り込まれています。そのため，心理学とNLP は同一視されることがあります。しかし，多くの心理学者は NLP を心理学とは認めませんし，そもそも NLP が何なのかを知らない心理学者もいます。そして，日本で最も歴史が古い学会である日本心理学会の大会や論文で，NLP の単語を目にすることはほとんどありません。NLP は現代の心理学では証明されていないことまで，その理論のなかに織り込んでおり，NLP

の効果を疑問視する研究もあります (Sturt et al., 2012)。また、世間一般で浸透している「心理学」のなかには明らかに科学としての心理学とは相反することを主張する「非科学的な心理学」も存在します。

ただし注意していただきたいのは、私は「非科学的」という単語を否定的に使っているわけではありません。科学とは、いわば「世の中を科学の枠組みで見ましょう」という文化・思想にすぎず、その枠組みから外れたものを非科学と呼ぶだけです。また、世間的には「科学的なエビデンス」というと、妙に権威性や信頼性があるように聞こえます。しかし、世の中には科学的な知見に基づかないことはいくらでもあります。例えば、占いや宗教はいわゆる非科学的と言われます。しかし、それらは非科学的なだけであって、否定することはおかしいでしょう。占いや宗教に心を救われた人は大勢いるはずです。他にも、例えば、「年間 1 億円を売り上げるトップ販売員の営業術」という本があったとします。仮に、この販売員の営業術が心理学の知見と相反したとしても、その販売員には商品を売ってきた実績があります。そして、その販売員は自分の営業経験をもとに全国で講演を開いたとします。これは、まったくもって否定されることではありません。しかし、もし仮にこの販売員が「心理学に基づいた科学的な最強の営業術」と銘打って講演をしていたとしたら、問題があります。つまり、科学的なものと非科学的なものとの区別が明瞭にされていれば問題ないと私は考えます。

少し話が逸れましたが、私はここで「心理学と NLP のどちらが優れているのか」を議論したいわけではありません。心理学と NLP のどちらが好ましいかなどは、個人の価値観に依存するでしょう。また、人の心の本質を探究するためには、心理学よりも NLP のほうが優れている側面もあるかもしれません。しかし、重要なのは、大学で学ぶ心理学は NLP ではなく、科学としての心理学であるということです。つまり、「嘘をつくときには右上を見る」というような知識を知りたいと思って大学の心理学部に入学しても、そのような勉強はできないのです。

一方で、事態は少々複雑で、心理学の研究のなかにも「嘘をついているときには声が高くなる」「嘘をついているときは相手と視線を合わせない」などのような研究は存在します (例：Zuckerman et al., 1981)。そのため、一般の人が「この知見は心理学のもので、この知見は心理学のものではない」と判断す

るのはなかなか難しい現実があります。しかし，少なくとも，本書で紹介する心理学は「科学としての心理学」ですので，安心してお読みいただければと思います。

**誇張された心理学と現実の心理学**

　心理学研究の多くは，一般の人には正しく伝えられない傾向があります。その最たる例の1つが「吊り橋効果」です。「吊り橋効果」は非常に有名なので，この用語を聞いたことがある人も多いでしょう。しかし，吊り橋効果の元ネタとなった研究論文 (Dutton & Aron, 1974) とネットなどで紹介されている吊り橋効果（グラグラした吊り橋を渡った異性は恋に落ちるが，コンクリートの安定した橋を渡った異性は恋に落ちない）はかなり異なります。もともとの研究では，「グラグラした吊り橋か安定した木造の橋を歩いている男性に女性のインタビュアーが質問をする」というものでした。そして，インタビュアーの女性は男性に「質問などがあれば，後日，電話してください」と伝え，電話番号を渡しました。その結果，吊り橋を歩いていた男性は木造の橋を歩いていた男性に比べて，後日，インタビュアーに電話をかける確率が高かったというものです。

　しかし，この研究は心理学者から実験の不備や別の解釈の余地などの問題が指摘されるなど，現代ではこの研究結果の信頼性は疑問視されています。例えば，斉藤 (2022) はダットンとアロン (Dutton & Aron, 1974) が行ったデータの統計解析が適切に行われておらず，適切な統計解析を行うと吊り橋効果は生じない可能性を述べています。このように，科学としての心理学では吊り橋効果は疑問視されている反面，一般向けの心理学の本を読んでみると，あたかも吊り橋効果は絶対的に生じる心理現象であるように解釈されうる表現が多々見られます。

**本書の構成**

　心理学部に入学すると，「メンタリズムと心理学」「世間の心理学と大学の心理学」「誇張された心理学と現実の心理学」などのギャップにショックを受ける人もいます。そこで本書ではこれらのギャップを事前に埋めるため，第Ⅰ部では心理学が扱う多様な最新の研究領域を紹介し，第Ⅱ部では高校生が

心理学部に進学しようとしたときに生じる疑問に答えていきます。また，心理学部での1日のタイムスケジュールや進学した感想などをコラム形式でいくつか紹介します。本書はこの構成により，心理学を大学で学びたいと考えている高校生の進路選択の一助になることを願います。

2024年3月

編者　富田　健太

## ▌引用文献▐

Dutton, D. G., & Aron, A. P. (1974). Some evidence for heightened sexual attraction under conditions of high anxiety. *Journal of Personality and Social Psychology, 30*(4), 510-517.

斉藤 慎一 (2022). Dutton & Aron (1974) の吊り橋実験は何を明らかにしたのか. 東京女子大学紀要論集, *73*(1), 161-179.

Sturt, J., Ali, S., Robertson, W., ... Bridle, C. (2012). Neurolinguistic programming: A systematic review of the effects on health outcomes. *British Journal of General Practice, 62*(604), e757-e764.

Zuckerman, M., DePaulo, B. M., & Rosenthal, R. (1981). Verbal and nonverbal communication of deception. In L. Berkowitz (Ed.), *Advances in Experimental Social Psychology* (Vol. 14, pp. 1-59). Academic Press.

# 目　次

---

## 第Ⅰ部
# 大学で学ぶ心理学の世界
### こんなテーマもあんなテーマも心理学になる

---

# 第Ⅰ部
# 大学で学ぶ心理学の世界

## こんなテーマもあんなテーマも心理学になる

　第Ⅰ部では，大学で扱っている心理学の多様な最新の研究領域を紹介します。心理学はさまざまな方法を用いますし，人間の多面的な理解を試みる学際的な学問です。そのため，大学の他の学部で扱う内容との関連も深く，一見すると「これも心理学なの？」と驚かれることもあるかもしれません。各章は独立しており，最初から読んでいただいても，興味を持てそうな章から読んでいただいても，楽しめる内容になっています。本書を手に取ってくださったみなさんにとって，心理学へのいざないとなることを期待しています。

# 第1章

# 人は踊るのに，犬は踊らないのはなぜ？

▶富田 健太◀

## 1.1　心理学と音楽・ダンス

### 1.1.1　音楽・ダンスが人の心をつくったのか

　私たちの日常には音楽があふれています。電車に乗ればイヤホンで音楽を聞き，都会の街を歩けば音楽が流れ，イベントではさまざまな生演奏が行われます。そして，気がつけば，流れてきた音楽に合わせて自然と足踏みをしていることもあるでしょう。また，2012年度からは，中学校の保健体育の単元としてダンスが必修化されました。私たちは，上手・下手という程度の差はありますが，多くの人が音楽に合わせてダンスができます。しかし，ヒト以外の動物を見てみると，音楽に合わせたダンスを行う種はごくわずかしかいません (Schachner et al., 2009)。また，ダンスを行う種のなかでも，ヒトのダンスはかなり特異的です (Patel, 2021)。そこで，私は，音楽に合わせた高度なダンスが人間の人間らしさを創造しているのではないかという仮説のもと，日々研究を行っています。

　なお，本章では，私たち人間を「人」と表現する場合と，「ヒト」と表現する場合があります。科学の世界では，生物学的な意味合いで人間を表現する場合は「ヒト」と表記します。これは，他の動物でも同じで，生物学や心理学的な意味合いの場合は「イヌ」「ネコ」などと表記します。結局のところ意味は同じですが，科学の世界ではこのような風習がありますので，本書を通じてこの表記方法に慣れてみてください。

### 1.1.2　心理学で音楽・ダンスを扱うのはなぜ？

そもそも，音楽・ダンスが心理学の研究領域だと思わない人がいるかもしれません。しかし，音楽・ダンスは，ヒトの進化の過程で非常に重要な要因であったと考えられています。このため，そのメカニズムの探究はヒトの心の理解に有用だと言えます。

なぜ，私たちは集団で歌唱やダンスを行うことができるのでしょうか。心理学，特に比較心理学や進化心理学という領域では，何らかの能力を獲得している理由を，その能力が生存に適応的であったと考えることがあります。そして，音楽に関しては，「音楽は集団の結束を高めるために有用であったのではないか」という仮説があります（例：Jordania, 2011）。この仮説を支持する研究結果として，集団で歌唱を行うことで集団内の結束を高め，メンバーへの信頼感などを高めるという報告もあります（例：Anshel & Kipper, 1988）。また，誰かと一緒にダンスをすることによって，相手に対して好意的な感情を持つようになり，その相手のためを思った行動が増えることも知られています（例：Rennung & Göritz, 2016）。そして，集団で音楽・ダンスを行うためには，そもそも個人個人が音楽・ダンスができることが前提となります。このような文脈において，「なぜ，ヒトは音楽に合わせてダンスができるのか」はヒトの心のメカニズムを探究する道にもなるのです。

## 1.2　動物とヒトの音楽・ダンスは異なるのか

### 1.2.1　動物の踊ってみた動画

Instagram や TikTok を見ていると，「犬が踊ってみた」のような動画が流れてくることがあります。その動画を見て，「ほんとだ！　踊っていてかわいい」と思う人もいれば，「本当に踊っているの？」と冷静なコメントをする人もいるでしょう。ある科学者は，「犬は踊っているのか」を科学的に検討するために，YouTube にアップされている何千本もの関連動画を解析したそうです（Schachner et al., 2009）。その結果，イヌを含めたほとんどの動物が音楽に合わせてダンスをしていないことが分かりました。つまり，「犬が踊ってみた」のような動画は，音楽のリズムは関係なく，ただ単に動物が暴れていたということです。しかし，興味深いことに，一部の動物（オウムやゾウなど）は

音楽に合わせてダンスをしていました。

### 1.2.2　声マネをする動物のダンス

　パテルという研究者は,「私たちのように音楽に合わせてダンスをできる種には何らかの共通点があるのではないか」と考え,研究を行いました (Patel, 2006)。その結果,声マネ能力を持つという共通点があることが分かりました。声マネとは,インコなどが飼い主の「おはよう」を覚えて,自発的に「おはよう」と発声することを言います。この声マネ能力のことを専門的には発声学習と言います。この知見から,パテルは「音楽に合わせたダンスは,発声学習を獲得した副産物として得られたものだ」という発声学習とリズム同調仮説を提案しました (Patel, 2006)。副産物として別の能力を得るという表現が分かりづらいかもしれません。例えば,「トリの羽 (羽毛) はなぜあるのか」と質問されれば,多くの人が「空を飛ぶため」と答えるでしょう。しかし,進化の過程では,トリは空を飛ぶために羽を獲得したのではなく,もともとは身体を保温するために羽を獲得したと考えられています (岡ノ谷, 2010)。このように,ある役割を持っていた器官・能力が別の役割に用いられることは,生物の進化においてはよくあることです。

　発声学習のできる種のダンス研究で最も有名なのは,キバタン (図1.1の左) という種のオウムのダンスです。キバタンはさまざまなテンポの曲に合わせてダンスを行うことが報告されました (Patel et al., 2009)。また,同じく発声学習のできるセキセイインコ (図1.1の中央) という種のインコは,メトロノーム

**図1.1**
キバタン, セキセイインコ, オカメインコ

に合わせて運動することができます（Hasegawa et al., 2011）。そして，発声学習のできるオカメインコ（図1.1の右）というオウムは，人の口笛に合わせて一緒に歌うことが報告されました（Seki, 2021）。このように発声学習のできる種は，音楽に合わせたダンスや歌唱ができるようです。

　先ほど紹介した発声学習とリズム同調仮説が正しければ，発声学習のできる種はすべて同等程度のダンス能力を持っていると考えられます。しかし，さまざまな研究の結果，ヒトのダンス能力はダンスができる他の種の動物に比べて，非常に優れていることも明らかになりました。例えば，セキセイインコはメトロノームに合わせて運動をするように「訓練」をすればダンスができるようになります（Hasegawa et al., 2011）。しかし，ただリズムを流すだけでは，「自発的」にダンスをすることはほとんどありません（Seki & Tomyta, 2019）。「自発的」というワードは，この研究領域では非常に重要視されています。例えば，先ほど出てきたキバタンは自発的にダンスをします。さらに，自発的に，ダンスのさまざまな振り付けを考えて踊ります（Keehn et al., 2019）。ヒトも同様に，音楽が流れているとそのリズムに合わせて自然と足踏みをしたり，身体を揺らしたりすることがあります。このように，自発的かどうかという観点から「発声学習のできる種のなかでも，ダンス能力に違いがある」と考える改訂版発声学習とリズム同調仮説が提唱されました（Patel, 2021）。そして，ヒトと同様に自発的にダンスを行い，おそらく報告されているなかでは最も高度なダンスを示すキバタンというオウムでさえも，ヒトとは異なる点があります。ヒトは数分程度，連続でダンスをすることが一般的ですが，キバタンのダンスは小刻みにダンスをやめる，または一定時間は音楽に合わないダンスをする"バウト"という現象が知られています（Patel, 2021）。

## 1.2.3　声マネをしない動物のダンス

　発声学習とリズム同調仮説が提唱されて以降，多くの研究が行われ，なかには発声学習をしない動物のダンスの例が報告されるようになりました。また，インターネットで「動物　ダンス　研究」などと検索をすると，発声学習をしない動物のダンスに関する研究記事が出てくることがあります。例えば，チンパンジーはメトロノームに合わせてピアノの鍵盤を叩くことができ

**図 1.2**
チンパンジーがキーボードを叩く様子
出典）Hattori et al., 2015

ます（例：Hattori et al., 2015）。また，ラットもメトロノームに合わせて身体を
動かすことができます（Ito et al., 2022; Katsu et al., 2021）。特にチンパンジーがピ
アノの鍵盤を叩いている様子は，一見すると，リズムに合わせて音楽を演奏
しているかのように見えます（図1.2）。しかし，解析をしてみると，チンパン
ジーやラットのダンスとヒトのダンスでは，決定的に違う点があります。

　ヒトはメトロノームに合わせて運動をしようとすると，メトロノームより
も数十から数百ミリ秒ほど早く運動してしまいます。これを専門的には，負
の非同期（negative mean asynchrony）と言います（Aschersleben, 2002）。負の非同期
が生じる理由には諸説があり，統一的な見解はありませんが，少なくとも負
の非同期が生じているということは，メトロノームのリズムを理解し予測し
て運動しているとうことです（図1.3）。一方で，チンパンジーやラットがメト
ロノームに合わせて運動すると，メトロノームより遅く運動する傾向があり
ます。これを正の非同期（positive mean asynchrony）と言います。正の非同期が
生じているということは，音を予測して運動しているのではなく，音が鳴っ
たら運動をしているわけです。

　「音が鳴ったら運動する」という行動と「音が鳴るのを予測して，音よりも
前に運動する」という行動はかなり異なります。もう少し専門的に表現する
ならば，「刺激に対して反応的に運動する」ことと「刺激に対して予測的に運
動する」ことは明確に異なるということです。チンパンジーやラットに限ら
ず多くの動物が，「刺激に対して反応的に運動する」ことは学習できます。例

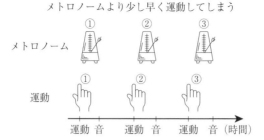

**図1.3**
負の非同期の概念図

えば，犬に「お座り」や「お手」を教えることができます。これは，飼い主の「お座り」という音に対して，反応的に犬が「お座り」という行動をしているのです。つまり，「メトロノーム」という音に対して，犬が「お手」をしても不思議ではありません。どれくらい素早く連続で運動できるかの制約はあるとしても，原理としては，飼い主が「お手」とリズミカルに言えば，犬もリズミカルに「お手」をすることができ，結果として「ダンスのような」行動がつくられます。しかし，冒頭で説明したように，犬が音楽に合わせて人のようにダンスをすることはなく，「ダンスのような」行動でも負の非同期が生じていないのであれば，ヒトのダンスとは異なります。

## 1.3　リズムが分かることとリズムに合わせて運動すること

### 1.3.1　リズム知覚とリズム運動は異なる

　私たちは，音楽のリズムを把握（リズム知覚）できればその音楽に合わせて運動（リズム運動）ができる，と勘違いする傾向があります。しかし，おそらくリズム知覚とリズム運動はまったく異なる神経メカニズムが関与していると考えるほうが妥当です。例えば，ラットに音楽を聴かせると，ラットの脳はその音楽のリズムに合わせて活動することが知られています（Ito et al., 2022）。つまり，ラットの脳はその音楽を知覚していると言えます。しかし，ラットはその音楽に合わせて運動をすると，やはり音楽よりも遅く運動してしまい，ヒトのように負の非同期は生じません。また，ハトはクラシック音

楽のバッハとストラヴィンスキーの曲を聞き分けることができます（渡辺,
2010）。しかし，ハトが音楽に合わせてダンスをするという報告はありませ
ん。このことは，音楽を聞き分ける・理解する能力とそれに合わせてダンス
をする能力が同じではないことを示しています。
　「音楽の知覚」と「音楽へのダンス」はどちらも音楽心理学のようなものに
分類され，同じようなものとして扱われる傾向があります。しかし，すでに
述べたように両者には非常に大きな違いがあります。このように，似たよう
な現象でも，より学んでみたい・研究してみたいと思った場合，「音楽の知
覚」と「音楽へのダンス」のどちらにより興味があるのかを明確にしない
と，勉強をしても知識が乱雑になってしまう可能性があります。

### 1.3.2　音楽・ダンスを研究する実験手法
　最後に，音楽・ダンスに関する研究の心理学的な実験手法を紹介します。
音楽・ダンスの研究と聞くと，「ダンスをしている最中のデータを記録した
り，脳活動を計測したりする」と思う人が大半だと思います。しかし，現実
の研究はみなさんの想像とはおそらく異なります。
　例えば，MRI を使って脳活動を計測する場合，病院で MRI のなかに入っ
たことのある人なら分かると思いますが，MRI のなかは非常に狭く身動き
ができるような状態ではありません。そもそも，寝た状態で MRI のなかに
入るため，ダンスをするような体勢ではありません。また，脳を計測するわ
けですから，頭の位置が動いてしまっては，うまく脳活動を記録することは
できません。例えば，記念写真を撮影するときに，定位置から人が勝手に動
いてしまったら，写真がブレてしまいます。そのため，実際にダンスをして
いる最中の脳活動を MRI で記録することは，そもそも不可能に近いのです。
また，脳波というものを聞いたことがあるかと思います。脳波を計測する脳
波計というのは，かなりコンパクトで，トートバックに入れて持ち運べるぐ
らいの大きさです。そのため，実験スペースに関して言えば，一人暮らしの
ワンルームの部屋の大きさの実験室でも十分に脳波を記録することができま
す。しかし，この脳波計にも問題点があり，脳波計測中に少しでも身体を動
かすと，脳波をきれいに記録できません。脳波というものは，脳から生じる
電気信号のことであり，電極を頭に付けて，この電気信号を記録したもので

す。重要なのは，脳波の電気信号は非常に小さいということです。一方で，私たちは筋肉を動かすとき，筋肉からも電気信号が生じます。そして，筋肉が発する電気信号は脳が出す電気信号（脳波）よりも非常大きく，脳波は筋肉の電気信号に埋もれてしまうのです。正確な表現ではありませんが，イメージとしては，180 cm の大人の集団（筋肉からの電気信号）から 130 cm の子ども1 人（脳波）を見つけだすようなものです。つまり，脳波計測中にダンスをさせたり，ライブ演奏をさせたりするようなことは基本的にできないのです。

　そこで，ダンスや音楽演奏の研究で最もよく使われる方法の 1 つに，同期タッピング課題というものがあります。この課題では，再生されるメトロノームに合わせて手指や棒を使ってタッピングをするというものです。本章では「メトロノームに合わせて運動をさせると」と言う表現が何度か出てきましたが，この表現はまさに同期タッピング課題を用いた実験ということです。手足や全身を動かす実際のダンスとは異なり，実験参加者は指だけを小さく動かせばよいので，課題中に MRI や脳波で脳活動を計測することも可能です。さらに，タッピングをした運動タイミングは，振動センサーなどで数ミリ秒単位の精度で計測することができます。そのため，メトロノームに対して何十ミリ秒ほど運動が遅れたのかという詳細を解析することができるのもメリットです。

　モーションキャプチャーという装置を使うことで，ダンスをしている最中の全身の動きを計測することはできます（例：三浦ら，2022）。この計測方法のほうが，実際のダンス場面に即したデータを記録できます。しかしながら，デメリットとして同期タッピング課題に比べると，どの程度タイミングがズレたかなどは，正確に記録できないこともあります。そのため，例えば，みなさんが大学で卒業研究を行うときに，みなさんの興味関心や研究したい内容によっては，実際のダンスではなく同期タッピング課題のようなものを実施する必要があるかもしれません。心理学全般に言えることですが，実験室で計測できるデータには制約があるため，「思っていたのと違う」とギャップに悲しまないようにする心構えは必要かもしれません。

## 1.4　おわりに

　本章の内容は，パテル（Patel, 2006）という研究者が提唱した「音楽に合わせたダンスは，発声学習を獲得した副産物的に得られたものだ」という“発声学習とリズム同調仮説”をベースに，心理学・脳科学における音楽・ダンス研究を紹介してきました。発声学習とリズム同調仮説の提唱が 2006 年ということは，この研究領域は 2024 年の現在，まだ 18 年ほどしか研究されていないということです。18 年と聞くとずいぶん昔に思えるかもしれませんが，科学のなかではまだまだ若い分野になります。そのため，まだ明らかになっていない点も多く存在します。さらに，若い分野であるがゆえに，この領域の心理学を学べる大学はまだまだ多くはありません。このように，特定の領域に興味がある場合は，志望大学にその研究領域を専門としている先生がいるかどうかをインターネットなどで調べてみることをお勧めします。

**■引用文献■**

Anshel, A., & Kipper, D. A. (1988). The influence of group singing on trust and cooperation. *Journal of Music Therapy*, *25*, 145-155.

Aschersleben, G. (2002). Temporal control of movements in sensorimotor synchronization. *Brain and Cognition*, *48*, 66-79.

Hasegawa, A., Okanoya, K., Hasegawa, T., & Seki, Y. (2011). Rhythmic synchronization tapping to an audio-visual metronome in budgerigars. *Scientific Reports*, *1*, Article 120.

Hattori, Y., Tomonaga, M., & Matsuzawa, T. (2015). Distractor effect of auditory rhythms on self-paced tapping in chimpanzees and human. *PLoS ONE*, *10*(7), Article e0130682.

Ito, Y., Shiramatsu, T. I., Ishida, N., ... Takahashi, H. (2022). Spontaneous beat synchronization in rats: Neural dynamics and motor entrainment. *Science Advances*, *8*(45), Article eabo7019.

Jordania, J. (2011). *Why Do People Sing? Music in Human Evolution*. Logos.

Katsu, N., Yuki, S., & Okanoya, K. (2021). Production of regular rhythm induced by external stimuli in rats. *Animal Cognition*, *24*(5), 1133-1141.

Keehn, R. J. J., Iversen, J. R., Schulz, I., & Patel, A. D. (2019). Spontaneity and diversity of movement to music are not uniquely human. *Current Biology*, *29*(13), R621-R622.

三浦 哲都・青山 悠希・関 巴瑠花・佐藤 菜穂子（2022）．複雑な運動スキルにおける左右差の知覚：バレエダンサーの事例研究．*Journal of Training Science for Exercise and Sport*, *34*(2), 117-123.

岡ノ谷 一夫（2010）．言語起源の生物学的シナリオ．認知神経科学, *12*(1), 1-8.

Patel, A. D. (2006). Musical rhythm, linguistic rhythm, and human evolution. *Music Perception*, *24*(1), 99-104.

Patel, A. D. (2021). Vocal learning as a preadaptation for the evolution of human beat perception and synchronization. *Philosophical Transactions of the Royal Society B: Biological Sciences, 376*(1835), Article 20200326.

Patel, A. D., Iversen, J. R., Bregman, M. R., & Schulz, I. (2009). Studying synchronization to a musical beat in nonhuman animals. *Annals of the New York Academy of Sciences, 1169*(1), 459-469.

Rennung, M., & Göritz, A. S. (2016). Prosocial consequences of interpersonal synchrony. *Zeitschrift für Psychologie, 224*(3), 168-189.

Schachner, A., Brady, T. F., Pepperberg, I. M., & Hauser, M. D. (2009). Spontaneous motor entrainment to music in multiple vocal mimicking species. *Current Biology, 19*, 831-836.

Seki, Y. (2021). Cockatiels sing human music in synchrony with a playback of the melody. *PLOS ONE, 16*(9), Article e0256613.

Seki, Y., & Tomyta, K. (2019). Effects of metronomic sounds on a self-paced tapping task in budgerigars and humans. *Current Zoology, 65*(1), 121-128.

渡辺 茂　(2010)．鳥脳力：小さな頭に秘められた驚異の能力（DOJIN 選書）．化学同人．

# コラム①

# 「心を測る手法」としての心理学

動物とコミュニケーションする方法が知りたかった

▶髙岡 祥子◀

●動物が好きで心理学の道に

　イヌやネコを飼っている人なら，日頃からごく自然とその動物に話しかけて
いると思います。動物は人間の言葉を話しません。それでもなぜか，人間と動
物は上手にコミュニケーションができているように感じます。どうしてなんだ
ろう，と子どもの頃からずっと不思議に思っていました。

　中学生の頃，たまたま見たテレビ番組で，私の子どもの頃からの疑問が
ぱぁっと晴れるのを感じました。その番組では，米国の心理学者が類人猿の一
種であるボノボの言語能力を研究する様子が紹介されていました。専用に開発
されたキーボードを使うことで，人間の研究者とボノボがまるで人間同士のよ
うに「話をして」いる様子を観て，とても興奮したことを覚えています。私も
その道に進みたいと思いました。こうして私は，動物心理学が学べる大学を探
して進学しました。

●終わらないレポート

　学部４年間の授業のなかで特に印象に残っているのが「心理学実験」です。
心理学を学べる大学ならば，どこの大学もだいたいこの授業は必修科目です。
授業では心理学におけるさまざまな測定方法やレポートの執筆方法を学びま
す。これが，なかなか大変なものでした。レポートは提出してそれで終わりで
はありません。真っ赤に添削されたレポートが返却され，すぐ書き直して再提
出です。合格点がもらえるまで何度でも再提出しないといけませんでした。そ
のうちに次の実験も始まるので，学生は常に２つか３つのレポートを抱えて大
忙しです。同級生たちと毎週のように大学の PC 教室に夜遅くまで居残ってレ
ポートを仕上げていました。次から次にやってくるレポートの嵐，正直に言っ

て当時はかなりしんどかった思い出があります。でも不思議なことに，今振り返ってみると，しんどさよりも懸命にレポートに取り組んでいた日々をなつかしく思います。それは，この授業で学んだことが，その後の人生で非常に役立つ内容だったことが関係しています。心理学実験では，問題を見つけ，正しい方法でデータを集め，分析し，結果を分かりやすく人に伝えるスキルを学びます。これは心理学だけに求められる限定的なスキルではありません。研究者の仕事でも，他の仕事に就いても，さまざまな問題解決の場面において有効に対処することができる基礎的な体力のような力だと私は思います。

### ●心理学を生かした仕事って何ですか？

　みなさんが大学で心理学を専攻しようか迷ったときに気になるのは，「心理学を勉強してどんな仕事に就けるのか」ではないでしょうか。心理学に興味はあるけれど，カウンセラーになりたいわけではない。そんな人も少なくないと思います。

　実は今，心理学は社会のなかでとても必要とされている分野です。私たちの身の回りにはさまざまな製品があふれています。これらの製品のデザインにおいて近年注目されているのがユーザーエクスペリエンス（UX）という考え方です。UX は，それを使う人の体験という意味です。例えばアップル社の iPhone を使用する人は，価格や機能だけを理由にして iPhone を選んでいるわけではありません。「iPhone を使うと何だか楽しい」「わくわくする」といった体験まで想像して，iPhone を選んでいるのです。この「何だか楽しい」「わくわくする」といったユーザーの心の状態を測ることができるのが，心理学です。

　心理学で学ぶのは読心術のやり方ではありません。心理学で学ぶのは，科学的に心を測るさまざまな手法です。先に述べた「心理学実験」は，それを学ぶ大切な授業でした。心を測るってどういうことでしょうか。例えば，心の状態は心拍，発汗，視線の動きのような身体の反応に現れます。また，心の状態は私たちの何気なく書いたり話したりする言葉のなかにも現れています。心理学のさまざまな手法を用いることで，このような心の状態を何らかの単位で数値化し，測ることができます。実際に私も企業と共同研究をしているので，自分が学んだことを社会のなかで役立てられることは本当にうれしいものです。ぜひみなさんにも「心を測る手法」として心理学を学び，社会のなかでそれを役立ててほしいと願っています。

# 第2章

# 食べ物の健康効果を信じるのはなぜ？

## 心理学から見たフードファディズム

▶工藤 大介◀

## 2.1 心理学と食と社会

### 2.1.1 日々の食事と心理学

　みなさんは，ふだんの食事はどのように決めていますか。お腹が空いているからがっつり食べよう，ダイエット中だから軽めにしよう，健康のために○○を食べようなど，その理由は十人十色かと思います。心理学では，人の「食べる」ことについて，依存（例：Khine et al., 2019）や渇望（例：Weingarten & Elston, 1990），病理に対する介入（例：武藤ら，2013）といった臨床的な側面や，好みの形成（Havermans & Jansen, 2007）や条件づけ（福田ら，2014）といった学習・行動分析的な側面から研究が行われてきています。

　上記の側面はもちろん重要なテーマですが，本章で取り扱うのは，社会心理学と消費者行動から見た側面です。人の「食べる」ことについては，時折実社会において，不可解な現象が見られます。例えば，ある食品が「健康によい」とテレビや新聞，雑誌などで取り上げられると，その翌日は店頭から商品が消えるということがありました（井上ら，2018; 高橋，2007）。他にも，効果が不確かな健康食品やサプリメントにお金を費やしたり，健康被害が生じたりすることもありました（厚生労働省，2006）。

　このように，「食べる」ことについては，社会を巻き込んだ問題となることがあります。国や専門家はこの問題に対して，科学的根拠に基づく情報を発信し，「適切な食事」とは何かを伝えようとしてきました（例：厚生労働省，2009; 厚生労働省・農林水産省，2005）。しかし，なかなか消費者には受け入れてもらえ

ないのが実情です。そこで本章では，なぜ消費者が問題のある食の選択をしてしまうのか，社会心理学や消費者行動の側面から説明をしていきたいと思います。

### 2.1.2　食品の健康への影響：フードファディズムとは？

突然ですが，みなさんはフードファディズム（food faddism）という言葉をご存じでしょうか。なかなか聞き慣れない言葉かもしれません。フードファディズムの定義は，「何らかの食品や栄養が病気と健康に与える影響を，誇大に信奉すること」です（Kanarek & Marks-Kaufman, 1991）。これだけでは，ピンと来ないかもしれません。

では，実際の現象について見ていきましょう。フードファディズムに関連した社会現象は，2000年代初頭に多く発生しました。例えば，2005年に「寒天がダイエットに効果がある」とテレビ番組で紹介されたところ，寒天が全国的に一時的に品切れとなりました。同様に，「納豆がダイエットに効果がある」と紹介されたところ，こちらもまた商品の品切れが発生しました（ちなみに，この「納豆のダイエット効果」は，捏造だったことが後日判明し，当該番組は打ち切りとなっています（高橋, 2007））。

このような現象は一過性のものでなく，近年（2021〜2022年）でも散発的に発生していたことを，思い出した人がいるかもしれません。ある乳酸菌飲料が「睡眠の改善に効果がある」として売り出されたところ，これまた店頭から姿を消しました。さらに，フリマサイトなどでの転売も発生しました。

ここまでフードファディズムの具体的な現象について見てきました。フードファディズムというと，先述の事例のように，消費者による「過剰購買」についてスポットライトが当てられることが多いです。しかし，フードファディズムに関しては，それ以外にも側面があります。

### 2.1.3　フードファディズムの多様な側面

前項では，フードファディズムによる「過剰購買」の側面を見てきました。ここで改めてフードファディズムの定義を振り返ってみましょう。「何らかの食品や栄養が病気と健康に与える影響を，誇大に信奉すること」というものでした。ここでは健康に対する影響のよしあしについては述べられて

いません。すなわち，健康に対する好影響の誇大信奉だけでなく，悪影響の
誇大信奉からの「過剰忌避」という側面も持つのです。

　例えば最近では，ダイエットを行うにあたって，「糖質」を避ける「糖質制
限」が強調されるようになりました (例：山田，2018)。「糖質」は身体にとって
不可欠な栄養であるにもかかわらず，そのリスクを過大評価し，十把一絡げ
に「摂取しない」という選択をしてしまうのです。

　このように，フードファディズムには，過剰購買と過剰忌避の両側面があ
るわけです。どうしても過剰購買による健康影響のほうが問題として着目さ
れがちですが，過剰忌避による栄養の不足も問題と言えるでしょう。

### 2.1.4　フードファディズムと社会問題

　ところで，過剰購買や過剰忌避のような社会的混乱は，単なるブームだと
考えれば，大した問題と思えないかもしれません。しかしながら，テレビ番
組で「白いんげん豆を使用したダイエット法」が紹介されたところ，実践し
た消費者に健康被害が発生しました (厚生労働省，2006)。さらに，実際には健
康影響のない食品や健康食品，サプリメントにお金を費やすことによって，
経済的な被害も生じていると言えるでしょう (左巻，2014; 高橋，2007)。

　それだけではなく，専門家が食の安全や健康リスクについて情報を発信し
ているにもかかわらず (例：国立健康・栄養研究所，2004)，それらの情報をないが
しろにしてしまうことも指摘されています (高橋，2007)。このように，社会に
おけるフードファディズム問題の根っこは非常に深いのです。

## 2.2　なぜフードファディズムは起きるのか

### 2.2.1　フードファディズムと健康不安

　では，フードファディズムはなぜ起きるのでしょうか。フードファディズ
ムが発生する理由に関しては，これまで社会学や家政学などから考察が行わ
れてきました。例えば，高橋 (2007) は，フードファディズムが発生する土壌
を，以下のようにまとめています。

　①十分すぎる食料が供給されている。

②過剰な健康志向や，健康であらねばならないという強迫が存在する。

③食料の製造や生産，流通に対して漠然とした不安や不信が漂っている。

④大量の情報が提供され，論理的思考を厭う。

つまり，飽食の時代のなかで，強迫的とも言える健康志向が存在しているわけです。テレビコマーシャルや電車などの公共交通機関の広告に目を向けると，「ダイエット」「長生き」「健康」といった文言が踊っています。さらに，高橋 (2006) は，テレビ番組の内容分析から，視聴者の健康不安に働きかけるような，不安扇動が頻用されていることを指摘しています。強迫的な健康志向が潮流として存在するなかで，さらに健康不安を煽られている状態にあるわけです。

このような不安を煽る手法については，古くから心理学の説得的コミュニケーション研究における，恐怖喚起コミュニケーション研究で取り扱われてきました。そのなかでもロジャース (Rogers, 1975, 1983) が提唱する防護動機理論に着目してみましょう。防護動機理論を簡単に解説すると，「自身に望ましくない事態が生じる脅威に対して，同時にその脅威を回避するために有効とされる行動を提示されると，勧告された行動を採用しようとする」というものです。

これをフードファディズムに当てはめてみましょう。消費者が抱える健康不安や，不安煽動によって，提示される「行動」として食品を採用しようとする，と考えることができます。

この健康不安に着目した心理学の研究を見ていきましょう。工藤 (2020) や工藤・李 (2023) では，フードファディズム的食品と健康的な食事法を題材として，これらの採用に対する健康不安などの影響を検討しました。フードファディズム的食品における結果を取り上げてみると，健康不安が高いと，食品の採用が高まるという関連性が見られています (工藤, 2020; 工藤・李, 2023)。

ただし，これらの研究の題材として，「肥満」について取り上げられたものであることを，注記しておかないといけません。肥満は確かに健康問題として一般的ではありますが，慢性疾患や重篤な病気のように深刻とは言えません。そのため，防護動機理論 (Rogers, 1975, 1983) で説明されるほどの，脅威と

しての影響力を持っていなかった可能性も考えられます。研究結果から，確かに健康不安の影響が示唆されましたが，それよりも，他の要因が強く関連していた可能性が考えられます。次項では，その影響について見ていきましょう。

### 2.2.2　消費者によるコストと効果性評価

　先ほど紹介した防護動機理論（Rogers, 1975, 1983）ですが，ただ不安を煽れば，提示される「行動」に消費者が飛びつくわけではありません。工藤（2020）や工藤・李（2023）の研究でも，健康不安の影響は限定的であるとの示唆がなされました。というのも，その「行動」の「効果性」と「コスト」が採用するかどうかに影響してくるのです。

　「効果性」は読んで字のごとく，提示された「行動」が不安や脅威を回避するために効果がありそうか，ということを意味し，この評価が高いと「行動」の採用が高まるわけです。「コスト」については，「行動」を実施するにあたっての困難さ，不便さ，煩雑さなどが当てはまり，コストが高いと「行動」を採用するのはやめておこうとなるわけです。

　この点について，フードファディズム的食品と，専門家が提示するような健康的な食事法について比較していきましょう。フードファディズム的食品については，例えばダイエットに効果があるとするものでは，「〇〇を食べるだけで痩せられる」「手軽に・簡単にダイエット」「〇日でこれだけの効果」といったように，その簡便さをアピールするケースが多くなっています（高橋, 2007）。一方で，専門家が提示する適切で健康的なダイエット法については，例えば厚生労働省（2009）が提示する「日本人の食事摂取基準」や，厚生労働省・農林水産省（2005）による「食事バランスガイド」などが参考になります。しかし，その内容に関しては，食事の内容や食事量は，消費者自身で検討して考える必要があり，適切で効果が期待できる一方で，「お手軽に」とはいかない構成となっています。

　このように，フードファディズム的食品の簡便さ，すなわちコストの低さと，効果がありそうという期待が，その採用につながっていると考えられます。一方で，専門家の提言については，確かに効果がありそうという期待にはつながるのですが，手間がかかりそうといったコストの高さによって，採

用を躊躇してしまうとも考えられます。
<ruby>躊躇<rt>ちゅうちょ</rt></ruby>

　実際に，工藤（2020）や工藤・李（2023）の研究でも，コストおよび効果性に対する評価と，フードファディズム的食品の採用との関連が認められています。コストに対する評価が低いと採用が高まると同時に，効果に対する評価が高いと採用が高まるという結果が得られました（工藤，2020; 工藤・李，2023）。特にコストに対する評価は採用の規定因としての効果が強く，手軽に健康目標を達成できそうだから，簡単そうだからといった理由で，消費者がフードファディズム的食品を選択していることが分かります。


## 2.3　社会問題への取り組み：応用研究へのいざない

### 2.3.1　健康な食生活に向けて

　以上から，フードファディズムに陥るのはなぜかという問いに対して，心理学からは，消費者が「健康に不安がある」「お手軽にできそう・摂取できそう」「効果がありそう」と評価をすると陥ってしまう，という知見が示されています。

　なお，お手軽に健康を改善したいという考えが消費者の間に広まっており（高橋，2007），このような社会的な要因と，消費者の心理的要因がマッチした結果ゆえ，フードファディズムと呼ばれる現象が生じているとも考えられます。

　では，どうすればフードファディズム的食品に頼ることなく，健康な食生活を送れるのでしょうか。日々の食生活についてしっかり考えることが大切なのでしょうか。しかし，工藤（2020）の結果では，熟慮傾向に関係なくフードファディズムに陥る可能性が示唆されています。さらには，研究者や専門家であっても，サプリメントに頼りやすい，不規則な食生活に陥りやすい傾向も示唆されています（工藤・中川・李，2022）。

　お手軽に健康を改善したいという欲求がある限り，フードファディズム問題は手を替え品を替え，何度も顔を出してきます。忘れがちなことですが，健康にとって大切なことは，先述したような専門家や専門機関が提唱する，多少煩雑かもしれないバランスのとれた食事（厚生労働省，2009; 厚生労働省・農林水産省，2005）です。それこそ餅は餅屋ということで，専門家の意見や，科学

的に効果が実証された方法に従って，食生活を改善することが健康への何よりの近道と言えるでしょう。

### 2.3.2　心理学の社会への応用の話

　さて，ここまでフードファディズムと心理学の関係について述べてきました。このように，心理学では，社会問題に対して心理学の観点から切り込んでいったり，分析や説明を試みたりすることがあります。これらについては，応用領域や応用心理学と呼ばれています。

　このように，基礎的な研究で得られた知見を，社会問題の解決に向けて応用・活用していく研究のスタイルがあることも，読者のみなさんにはぜひ覚えておいてほしいと思います。研究成果の社会への還元という観点からも，意義のあることです。心理学の道を志されるみなさんは，ぜひ自分に合った研究のスタイルや志向を見つけてほしいと思います。

**┃引用文献┃**

福田 実奈・畑 敏道・小松 さくら・青山 謙二郎　（2014）．コーヒー手がかり呈示が欲求と認知課題成績へ及ぼす影響．基礎心理学研究, *33*, 28-34.

Havermans, R. C., & Jansen, A. (2007). Increasing children's liking of vegetables through flavour-flavour learning. *Appetite, 48*, 259-262.

井上 紗奈・本田 秀仁・森 数馬・⋯・和田 有史　（2018）．"科学的"情報はどのように理解されるのか？：食品の機能性理解と認知特性の個人差を視点とした分析．認知科学, *25*, 7-25.

Kanarek, R. B., & Marks-Kaufman, R. (1991). *Nutrition and Behavior: New Perspectives*. Van Nostrand Reinhold.〔カナレク, R. B.・マークス-カウフマン, R.　高橋 久仁子・高橋 勇二（訳）　（1994）．栄養と行動：新たなる展望．アイピーシー.〕

Khine, M. T., Ota, A., Gearhardt, A. N., ... Yatsuya, H. (2019). Validation of the Japanese Version of the Yale Food Addiction Scale 2.0 (J-YFAS 2.0). *Nutrients, 11*, Article 687.

国立健康・栄養研究所　（2004）．「健康食品」の安全性・有効性情報．https://hfnet.nibiohn.go.jp/（2023 年 5 月 23 日確認）

厚生労働省　（2006）．白インゲン豆の摂取による健康被害事例について．https://www.mhlw.go.jp/houdou/2006/05/h0522-4.html（2023 年 5 月 23 日確認）

厚生労働省　（2009）．「日本人の食事摂取基準」（2010 年版）．http://www.mhlw.go.jp/houdou/2009/05/h0529-1.html（2023 年 5 月 23 日確認）

厚生労働省・農林水産省　（2005）．フードガイド（仮称）の名称及びイラストの決定・公表について．http://www.mhlw.go.jp/shingi/2005/06/s0621-5.html（2023 年 5 月 23 日確認）

工藤 大介　（2020）．フードファディズムを引き起こす心理学的要因の検討．東海学院大学紀要, *14*, 41-54.

工藤 大介・中川 翔貴・李 楊　(2022).　フードファディズムに対するメディア接触の影響.　日本心理学会第 86 回大会発表論文集，52.

工藤 大介・李 楊　(2023).　食品の健康効果に対する信奉と意思決定過程の関係 フードファディズム促進要因に関する二重過程理論からのアプローチ.　日本心理学会第 87 回大会発表論文集.

武藤 崇・菊田 和代・三田村 仰・大屋 藍子　(2013).　むちゃ食い障害に対するアクセプタンス＆コミットメント・セラピー（ACT）：事例研究.　日本行動分析学会第 31 回年次大会プログラム・発表論文集，67.

Rogers, R. W. (1975). A protection motivation theory of fear appeals and attitude change. *Journal of Psychology*, *91*, 93-114.

Rogers, R. W. (1983). Cognitive and physiological processes in fear appeals and attitude change: A revised theory of protection motivation. In J. T. Cacioppo & R. E. Petty (Eds.), *Social Psychophysiology* (pp. 153-173). Guilford Press.

左巻 健男　(2014).　病気になるサプリ：危険な健康食品（幻冬舎新書）.　幻冬舎.

高橋 久仁子　(2006).　テレビの健康情報娯楽番組における食情報の問題点.　群馬大学教育学部紀要（芸術・技術・体育・生活科学編），*41*, 191-204.

高橋 久仁子　(2007).　フードファディズム：メディアに惑わされない食生活.　中央法規出版.

山田 悟　(2018).　適正な糖質摂取についての考察.　*Glycative Stress Research*, *5*, 1-11.

Weingarten, H. P., & Elston, D. (1990). The phenomenology of food cravings. *Appetite*, *15*, 231-246.

# 第**3**章

# アートと心理学

つくる・見る・使うを通して見えてくる私たちの "こころ"

▶宮坂 真紀子◀

## 3.1 アートとは

　アートというと現代アートや油絵を思い描く人が多いと思います。アート（art）は美術を指していて，油絵などの絵画の他にも，映像，写真，彫刻，インスタレーション[*1]やソーシャリー・エンゲイジド・アート[*2]など，ものとしての形をなすものから，人と人とのつながりを創出するといったものまでさまざまな形態があります。また，近年ではアート＆デザイン（art and design）という表現も一般化し，ファッションやインテリア，プロダクトや建築といった人々の生活に根ざしたデザインも美術のカテゴリーとして捉えるようになりました。また，アーツ（arts）は美術の他にも音楽や演劇，文学などの芸術分野を含めたものを意味しています。

　本章ではアートやデザイン（以下，アート）のなかから視覚芸術（visual art）に焦点を絞って，つくる（作る／創る）・見る（鑑賞する）・使う（活用する）という3つのポイントを心理学的な研究の視点から概説していきます。そしてアートが私たちの生活で活用されている事例として，健康やウェルビーイングの向上を目的とした医療・福祉におけるアートについても紹介します。

---

[*1] 現代美術の一形式であり，空間全体を芸術的な表現のためのインタラクティブな環境として使用するアート作品や展示物を指します。

[*2] 社会的な問題（人権，環境，ジェンダー，移民，貧困など）に対して芸術を通じて理解を促進し，参加者が自身の経験や視点を共有し，意見を形成し，行動を起こすことを目的としたアート活動を指します。

### 3.1.1　私たちはいつから絵を描くようになり，なぜ描くのか

　人類が絵を描き始めた時期がいつなのかは現在でも正確には分かっていません。少なくとも現時点では，インドネシアのスラウェシ島で発見された洞窟壁画が約4万4000年前に描かれたものであろうと推定されており（Aubert et al., 2019），具象芸術としては世界最古のものと考えられています（図3.1）。考古学者のミズンは，芸術制作にはイメージの①心的構想，②意図的伝達，③意味の帰属という3つの認知過程が不可欠であり，ホモ・サピエンスはこれらの神経学的な発達によって芸術的な活動をするようになったのではないかと述べています（Mithen, 1998）。

　人が絵を描く理由について認知的な基礎を研究した齋藤は，「面白い」といった感覚でものをつくったり，道具を使って遊んだりする姿がヒトだけでなくチンパンジーにも見られるが，ヒトの場合は頭のなかで描いたイメージを形にして表す“表象”の欲求が強く，目の前に「ない」情報を補ったり，実在しないものを生み出すことに面白さを感じたり，偶然できた線を何かに見立てて他者とイメージを共有する喜びなどが動機になっているのではないかと推測しています（齋藤, 2014）。すなわちアートを介したコミュニケーションです。私たちの生活のなかでも画像情報やイラストを介して行われるコミュニケーションは日常的な光景であり，ヒトに共通するコミュニケーションの取り方の1つです。芸術療法において表象を介した言葉のやり取りが大事にされてきたのも，このような私たち人間の自然な振る舞いに起因するか

20 cm

**図3.1**

**インドネシアのスラウェシ島で発見された洞窟壁画の再現イラスト**

注）発見された洞窟壁画には狩猟の様子が再現され，動物たちが生き生きと描かれています。

出典）イラストは本書での見やすさを考慮し，Aubert et al.（2019）の写真の一部を参考に著者が模写したものです。

らと言えるでしょう。

### 3.1.2　抽象画と具象画の美的評価

　一般的に耳にすることの多い「アートはよく分からない」という言葉には作品のよし悪しや芸術的価値といったさまざまな要素が含まれています。絵画に対する美的評価の研究では，風景や静物，人物などが写実的な表現で描かれたものを具象画，具象的なイメージや意味のある形を持たないような表現で描かれているものを抽象画と定義し，美的評価がどのように行われているのか明らかにしようとされてきました。一般的に，具象画に対する美的評価は抽象画と比較して高く評価される傾向があり，その評価のばらつきが少ないことが分かっています。しかしながら，実験で使用された作品は数多くある作品のごく一部にすぎませんから，必ずしも抽象画よりも具象画が美的であるという結論にはなりません。抽象画でも多くの人が美的である評価する作品もたくさんあります。きれいさの評価と美しさの評価は概念が異なるため，美的評価は単純ではないわけです。

　アートを鑑賞したときの脳の活動に焦点を当てた研究では，具象画を見たときは描かれた内容に即して反応する領域が活動していましたが，抽象画を見たときの脳活動ではさまざまな領域が活動し，色や形の抽象的な情報と自分の知識や経験で得た情報を照らし合わせて最適解を導こうとする働きがあると考えられています (Kandel, 2018)。したがって，同じ作品を見ても，人によって見え方や印象が異なり，人それぞれの楽しみ方ができるわけです。さまざまな解釈が生まれる想像の余地があることで，作者と鑑賞者の「作品を介した対話」，鑑賞者同士の「アートを介したコミュニケーション」が生まれます。類似した構図やモチーフでも，写実的な表現と抽象度を高めた表現では印象が大きく変化していきます。一例として，荒れる海の様子を描いたウィリアム・ターナーの作品では，抽象度を増してほとんど輪郭が描かれていなくても，その臨場感がしっかりと伝わってきます (図3.2)。

　私たちは作品鑑賞の際，見ながらもその作品の背景を想像しています。作品の背景というのは，作品がつくられた時代や表現に込められた作者の意図，作品制作の姿や試行錯誤の様子などです。すなわち，作品そのものを見ると同時に，作品を描いている人を想像して作品の価値を総合的な判断で評

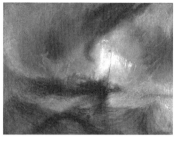

**┃図 3.2┃**
荒れる海の様子を描いたウィリアム・ターナーの作品
出典）左：Boats Carrying Out Anchors to the Dutch Men of War, 1804,
　　　©National Gallery of Art. 右：Snow Storm: Steam-boat off a Harbour's
　　　Mouth, 1842, ©Tate Britain.

価しています（Winner, 2018）。また，一見すると何の判断基準もないような抽
象画の作品に対しても，プロが描いた作品と子どもや動物が描いた作品の違
いを見分けられる能力が美術教育経験の有無やアートへの関心の程度にかか
わらず備わっていることも分かっています（Snapper et al., 2015）。好きか嫌いか
は別として，アートは難しくて分からないという人も，実はちゃんと分かっ
ているというわけです。人間には，一見すると意味を持たないと思われるよ
うな造形に対しても，表現の意図や共通性を探り出そうとする傾向があると
考えられています。

　最近では生成系 AI を利用してアート作品を制作できるため，"誰"がつ
くった作品なのかはもはや見分けがつきません。それでも私たちは人間によ
る作品ならばアーティスト本人の作品であることにこだわり，プログラムよ
りも人間がつくった場合に高く評価することが分かっています（Fortuna et al.,
2023; Newman et al., 2014; Newman & Bloom, 2012）。つまり，誰がつくったのかとい
う部分によっても絵画の価値を判断しているということです。したがって，
アート作品を鑑賞するときの私たちのこころは，単純に美的なものとして見
ているのではなく，誰によって，どのように制作されたものなのかという文
脈的な情報も含めて複合的に判断し，その上でアートとしての視覚情報を楽
しんでいるということになります。美しい作品だけでなく，一見すると美し
くないようなものもアート作品として成立している背景には，アートに関す

る歴史や思考の文脈などの記録とともに私たち人間の表象の変遷をたどることができる貴重な資料であることがあります。思ったことや感じたことを表現せずにはいられない人間の“こころ”について考えるとき，美術館は表象の博物館として最適な場となるかもしれません。

## 3.2　医療・福祉におけるアート

### 3.2.1　医療・福祉におけるアートの特徴

　前節ではアートの始まりや認知について概説しましたが，本節ではアートを私たちの健康のために活用する事例について紹介します。

　医療・福祉の領域において最も重要な目的は，一人一人が健康的な生活を送れるようにすることです。ここでいう健康は 1947 年の世界保健機関憲章で定義された「健康とは，身体的，精神的，社会的に完全に良好な状態であり，単に病気や虚弱がないことではない」を指します。その目的を実現するためにアートが積極的に活用されており，アーツ・アンド・ヘルス（arts and health）やヒーリング・アーツ（healing arts）などの言葉で表されて研究とともに実践的な活動が行われています（Fancourt, 2017; 宮坂ら，2017; Scott et al., 2019）。医療・福祉における芸術に関する研究は，芸術やクリエイティブな活動が個人の健康とウェルビーイングに与える影響を探究する学際的な領域です。この研究分野では，美術，音楽，舞踊，演劇，文学など，さまざまな芸術形式が，身体的，心理的，社会的な健康に対する効果を調査し，理解しようとしています。WHO（世界保健機関）は 2019 年にそれらの研究成果をまとめた報告書を公開しました（Fancourt & Finn, 2019）。そして，2021 年にはメトロポリタン美術館と共同でヒーリング・アーツ・シンポジウム（Healing Arts Symposium）が開催され，世界中の研究者やアーティストが参加して医療・福祉分野でのアートの活用事例や効果が報告されました。

### 3.2.2　医療環境改善におけるアートの活用

　病院などの医療環境でアート作品の展示を見たことがある人も多いと思います。殺風景な病院内での視覚的な「変化」に患者の回復を助ける効果があると最初に記したのはナイチンゲールでした（Nightingale, 1860）。彼女は『看護

覚え書』を著したことで有名ですが，統計学を採用し，理論と実践を通して衛生的な環境整備の必要性を説きました。彼女の丁寧な観察は患者・家族の心のケアを大切にしたエピソードでも知られており，その1つが入院患者の単調になりがちな生活に視覚的に小さな変化をもたらすことの大切さでした。それから100年以上後の1984年にアルリッヒが病室の窓から木々が見える部屋とブロック塀が見える部屋で術後患者を観察した結果，2〜5日後には後者に比べて前者のほうが処方される痛み止めの強度が弱いということを明らかにしました（Ulrich, 1984）。1988年には国際連合教育科学文化機関（ユネスコ）が健康や生活の質を向上させることを目的とした「世界文化発展の10年（World Decade for Cultural Development）」において「アーツ・イン・ホスピタル（Arts in Hospital）」を採択し，日本においても1992年から病院や福祉施設と美術大学の共同によるヒーリング・アートプロジェクトが実施され（山野, 2000），現在では全国的に広がりを見せています。

　このアートプロジェクトの特徴は，医療現場の職員・患者・家族とクリエイターを目指す学生が「最適な医療環境」について一緒に考えて環境改善に取り組んでいくことです。プロジェクトでは参加者全員が立場に関係なく対等になり，「なぜ病院にアートが必要なのか」と問い直すことから始まります。そのなかで病院職員の視点，患者・家族の視点から改めて検査・診断・治療のことや患者の気持ち，生と死について話し合うと，表面化されていない大小さまざまな問題が浮き彫りになります。それらに対して，一人一人の経験やアイデアを共有しながら環境改善を進めるためには心理的安全性[*3]が重要であり，このようなコミュニケーションが日々の医療に対する意識と行動に変化を生じさせることが明らかとなっています。具体的に表れた変化として，アートによる空間演出があることで患者として病院に大切にされているという印象を与え，患者・家族から職員に声をかけやすい雰囲気になります。職員は自身の経験を生かして環境改善に携わったからこそ職場環境に愛着を感じ，会話のきっかけとしてコミュニケーションに活用するだけでなく，主体的に環境改善を行うようになったというよい循環が生じていました。アートをつくりながら，そして使いながら対話を重ねることで見えてく

---

＊3　心理的安全性（psychological safety）とは，組織のなかでも安心して自身の考えを述べたり，率直に話し合える状態のことを指します（Edmondson, 2019）。

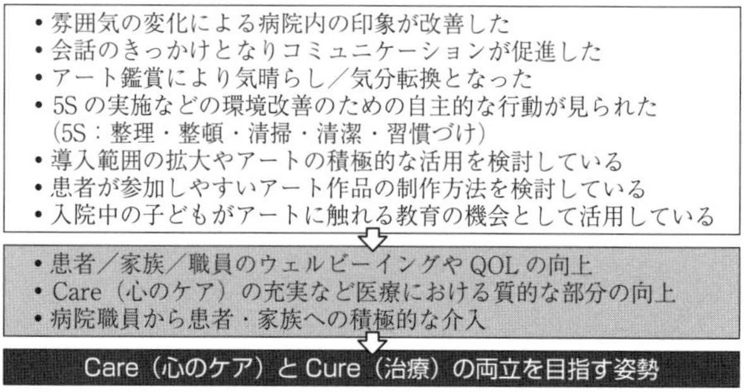

- 雰囲気の変化による病院内の印象が改善した
- 会話のきっかけとなりコミュニケーションが促進した
- アート鑑賞により気晴らし／気分転換となった
- 5Sの実施などの環境改善のための自主的な行動が見られた
  （5S：整理・整頓・清掃・清潔・習慣づけ）
- 導入範囲の拡大やアートの積極的な活用を検討している
- 患者が参加しやすいアート作品の制作方法を検討している
- 入院中の子どもがアートに触れる教育の機会として活用している

- 患者／家族／職員のウェルビーイングやQOLの向上
- Care（心のケア）の充実など医療における質的な部分の向上
- 病院職員から患者・家族への積極的な介入

Care（心のケア）とCure（治療）の両立を目指す姿勢

**図3.3**
アートプロジェクトの実施により生じたさまざまな変化

る，一人一人が経験した人間らしさを大切にしたいという気持ちは医療の質の向上につながる意識改善と健康を目指す環境づくりにつながっていきます（図3.3）。筆者がアートディレクターを担当した医療型障害児施設では，入所している子どもたちと職員が制作した個性豊かな鳥たちが集う大きな水辺の森をつくりました。タペストリーに描かれた森に集まったご自慢の鳥たちを介して会話が生まれることで，つくって・見て・楽しむ作品となり，子どもたちのこころと身体の成長を助けるために活用されています（図3.4）。

　現代の日本において病院は人が産まれる場所と命を終える場所でもあり，高齢化に伴い，医療・福祉施設を利用する人も増えることが予想されています。私たちが人間らしく，安心して心豊かに過ごすことができる環境をつくるためには，それらの環境に適したアートやデザインがよりいっそう重要な役割を果たす可能性を秘めていることは言うまでもありません。

**引用文献**

Aubert, M., Lebe, R., Oktaviana, A. A., … Brumm, A. (2019). Earliest hunting scene in prehistoric art. *Nature, 576*(7787), 442-445.

Edmondson, A. (1999). Psychological safety and learning behavior in work teams. *Administrative Science Quarterly, 44*(2), 350-383.

Fancourt, D. (2017). *Arts in Health: Designing and Researching Interventions.* Oxford University Press.

Fancourt, D., & Finn, S. (2019). *What is the Evidence on the Role of the Arts in Improving*

**図3.4**
## つくって楽しむアート作品の活用例
注）防炎素材の軽量タペストリーには水辺の森が描かれており，制作した鳥を
自分の好きな場所に貼り付けることができるだけでなく，季節に合わせた飾
り付けも自由に行えるようにさまざまな工夫が施されています。

*Health and Well-being? A Scoping Review* (Health Evidence Network synthesis report 67). WHO Regional Office for Europe.

Fortuna, P., Modliński, A., & McNeill, M. (2023). Creators matter. Perception and pricing of art made by human, cyborgs and humanoid robots. *Empirical Studies of the Arts, 41*(2), 331-351.

Kandel, E. R. (2018). *Reductionism in Art and Brain Science: Bridging the Two Cultures.* Columbia Univ Press.

Mithen, S. (1998). *The Prehistory of the Mind: A Search for the Origins of Art, Religion and Science* (new ed.). Phoenix.

宮坂 真紀子・鈴木 理恵子・山口 悦子・山野 雅之 (2017)．日本の医療現場における Art and Design に関する基礎調査：現状把握を目的としてインタビュー調査を通して．アートミーツケア，*8,* 17-33.

Newman, G. E., Bartels, D. M., & Smith, R. K. (2014). Are artworks more like people than artifacts? Individual concepts and their extensions. *Topics in Cognitive Science, 6*(4), 647-662.

Newman, G. E., & Bloom, P. (2012). Art and authenticity: The importance of originals in judgments of value. *Journal of Experimental Psychology, 141,* 558-569.

Nightingale, F. (1860). *Notes on Nursing: What it Is, and What it Is Not* (new ed.). Harrison.

齋藤 亜矢 (2014)．ヒトはなぜ絵を描くのか：芸術認知科学への招待．岩波書店．

Scott, J., Cork, R., Penn, Z., ... Hall, A. (2019). *The Healing Arts: The Arts Project at Chelsea and Westminster Hospital.* Unicorn Press.

Snapper, L., Oranç, C., Hawley-Dolan, A., ... Winner, E. (2015). Your kid could not have done that: Even untutored observers can discern intentionality and structure in abstract expressionist art. *Cognition, 137,* 154-165.

Ulrich, R. S. (1984). View through a window may influence recovery from surgery. *Science, 224*(4647), 420-421.

Winner, E. (2018). *How Art Works: A Psychological Exploration.* Oxford University Press.

World Health Organization. (2020). Healing art symposium. https://www.who.int/news-room/events/detail/2021/11/14/default-calendar/healing-arts-symposium（2023 年 12 月 4 日閲覧）

山野 雅之 (2000)．病院におけるヒーリング・アート．デザイン学研究特集号，*7*(4), 66-71.

# コラム②

# 社会人になってから心理学の道へ

▶昆野 照美◀

## ●仕事と研究の両立

　私は研究者としてはまだ新米の5年目で，仕事をしながら心理学に関する研究をしています。高校卒業時に心理学を学びたいと思い受験をしましたが失敗し，家庭の都合で浪人が許されなかったため，泣く泣く別の学部（商学部）へ進学しました。その後，社会人として，民間機関で心理学や色彩について学び，現在カラーコーディネーター（20年以上）をしながら，社会人として大学院の博士課程に在籍しています。カラーコーディネーターという仕事は，講師業や色の提案が主な業務のため，就業時間が比較的自由になります。決められた曜日や時間に拘束される仕事とは異なるのが特徴です。

　仕事に行かず学校に行くときは，9〜18時は研究やティーチングアシスタント（大学の授業の補助をするアルバイト）をしています。またその逆で，学校に行かず仕事に行くときは，早起きをして4時半から9時ぐらいまで自宅で研究をし，9時ぐらいに仕事に出発して夕方に帰宅します。体力が許せば，20〜22時までまた自宅で研究を再開させます。みなさんも高校に通い，授業だけではなく帰宅後も勉強をしていますよね。私もみなさんと毎日の勉強時間はだいたい同じですが，私の場合は，収入を得るために昼間に仕事をしている時間が週の3分の1ぐらいあるということです。

## ●自分の興味に合う心理学の専門分野とその広がり

　私は，塗り絵をすることが人の気分に何らかの影響を与えるのではないかということを研究しているため，認知心理学について研究できる大学院に在籍しています。その理由は，色や形を見る視覚的な情報を認知して塗り絵の着色を行うからです。しかし，みなさんも塗り絵といえば何となく絵を描くことに近

いような気がしませんか。芸術活動をして自身の悩みや感情を解放することを
カタルシス効果と言います。具体的には，みなさんがとても落ち込んでいた
り，気分転換をしたいときに，音楽を聴いたり，映画を見たり，物をつくった
り，絵を描くことを指します。このようなことをみなさん一度は日常生活で経
験していると思います。つまり，私の研究テーマの塗り絵を芸術活動の一種と
すれば，芸術療法やアートセラピーという臨床心理学の領域にも関係してきま
す。このため，研究には主に認知心理学と臨床心理学の視点が必要なのです
が，後者については調べることが難しいのです。なぜなら，私の大学では，認
知心理学と臨床心理学の大学院は，まったく別の部局になるため，情報や人脈
を得にくくなってしまうからです。また，身体や精神に障害のある人が芸術活
動を行う作業療法という分野があります。この学問の研究領域も部分的に塗り
絵の研究に関わるため，先行研究が多岐にわたっており，果てがないような気
がして困っています。このように心理学以外の他の学問に研究がまたがること
を学際的と言います。

● **学びたい心理学を探そう**

　最後になりますが，心理学は大変魅力的な学問だと思います。例えば，私た
ちに身近な広告（テレビ，雑誌，ウェブなど）の表現方法などによって商品の
売れ行きに違いがあるかを心理学的手法で調査し，効果的な広告を明らかにす
ることが可能になります。このような事例は，みなさんにはとても身近に感じ
るテーマかもしれません。最近は心理学と脳科学を結びつけた研究もあり，従
来と違ったやり方で日常場面の事象が心理学的手法により明らかになることも
多くなっていくでしょう。

　私は大学進学に際していったんは心理学を諦めましたが，社会人経験という
強みを生かし，今後も研究を細く長く続けていければと考えています。心理学
には多様な専門分野があります。カウンセラーになりたいのであればそれをか
なえる大学へ，そうではない場合は，自身が学びたいのは認知心理学なのか，
教育心理学なのかなど，心理学のなかのどのような分野なのかを考えてみると
よいでしょう。高校生のみなさんは，自身が受験する心理学部ではどのような
分野の心理学の学習ができるのかを慎重に調べて選ぶことをお勧めします。

　人生の主要なイベントは，受験や就職があり，変更を余儀なくされることも
あるでしょう。しかし，健康で暮らしていけば挽回できるかもしれません。み
なさんにはいつまでも，夢を持ち続けてほしいと考えています。

# 第4章

# 心理的柔軟性を身につけて，
# 部活動でのパフォーマンスを高める？

▶井上 和哉◀

## 4.1　どんな人が本番でパフォーマンスを発揮できるのか

　野球の得点チャンスでヒットを打ちたい，サッカーやバスケットボールなどでここぞというときに冷静にシュートを決めたい，緊張する場面で落ち着いて演奏したいなど，部活動をしているとふだんどおりにパフォーマンスを発揮したい場面が何度も訪れると思います。そんなとき，どのような人がパフォーマンスを十分に発揮できると思いますか。

　本章では，部活動でのパフォーマンスや人生の充実度を高めるために，近年，心理学で注目されている心理的柔軟性（psychological flexibility）という考え方について，紹介をします。

## 4.2　心理的柔軟性とは？

　心理的柔軟性を簡単に説明すると，「不安や緊張，痛み，嫌な考えなどがあっても，それらを無理にコントロールすることなく，あるがままに受け入れ，今，目の前で行うべきことに集中し，自らが人生で行いたい活動に取り組めている状態」と言えます。近年，スポーツ心理学のある研究領域においても，「メンタルが強いというのは，不安やプレッシャーを感じないようになることではなく，プレッシャーに直面しつつも，それらを十分に体験し，プレーに集中できることである」と心理的柔軟性の重要性が述べられています（Henriksen et al., 2020）。

### 4.2.1　心理的柔軟性を高める3つのエクササイズ

　心理的柔軟性について詳しい説明を行う前に，3つのエクササイズを体験してもらいたいと思います。無理のない範囲で，興味があるエクササイズを体験してみましょう。エクササイズによって得られた気づきを大切にしてほしいと思います。


### （1）呼吸のエクササイズ

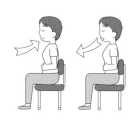

　1つ目は，呼吸のエクササイズです。椅子に座り，目を閉じてみましょう。そして，大きくゆっくり鼻から空気を吸って，10回深呼吸をしましょう。空気が鼻のなかを通る感じ，周りの音，お腹が膨らむ感覚などに静かに意識を向けてみましょう。10回深呼吸が終わったら，椅子に座っている感覚，足が床に着いている感覚，肩の感覚などに意識を向けてみましょう。どんな感じがするでしょうか。最後にまた，はじめと同じように10回深呼吸をしましょう。最後に，ゆっくりと目を開けてみてください。

　今，どんな感覚でしょうか。頭がすっきりした人，集中できそうという感覚の人もいるかもしれません。ふだん，私たちは気がつくと，過去のことや未来のことなど，ぐるぐると考えてしまっていますが，五感に意識を向けることで，そうした雑念と距離を置き，今，この瞬間に集中するという感覚が促進されるかもしれません。


### （2）大切なことに気づくエクササイズ

　突然ですが，もし1週間後に地球が滅ぶとしたら，みなさんはどこで，何をしていたいですか。自由に書き込んでみましょう。

```
┌─────────────────────────────────────┐
│                                     │
│                                     │
│                                     │
└─────────────────────────────────────┘
```

　次の質問です。みなさんは，好きなアニメのキャラクターや，ドラマ・映画・小説の登場人物はいるでしょうか。歴史上の人物や芸能人などでもかまいません。もしいれば，その好きなキャラクターや登場人物の名前を書いて

みてください。複数挙げてもかまいません。

```
┌─────────────────────────────────────────────┐
│                                             │
│                                             │
│                                             │
└─────────────────────────────────────────────┘
```

　次に，上に書いた好きなキャラクターや登場人物について，なぜ好きなのか，どういったところにひかれているのかを書いてください。

```
┌─────────────────────────────────────────────┐
│                                             │
│                                             │
│                                             │
└─────────────────────────────────────────────┘
```

　最後に，以下の各項目について，自分自身にとっての重要度は何点かを考え，点数をつけてみましょう。この項目に重要なことがない場合は，自分自身で一番下の空いている箇所に書き加えてもかまいません。

| | 1（重要ではない）〜10（重要） | | | | | | | | | |
|---|---|---|---|---|---|---|---|---|---|---|
| 例）人を大切にすること | 1 | 2 | 3 | 4 | 5 | 6 | 7 | ⑧ | 9 | 10 |
| 人を大切にすること | 1 | 2 | 3 | 4 | 5 | 6 | 7 | 8 | 9 | 10 |
| 挑戦すること | 1 | 2 | 3 | 4 | 5 | 6 | 7 | 8 | 9 | 10 |
| 学ぶこと | 1 | 2 | 3 | 4 | 5 | 6 | 7 | 8 | 9 | 10 |
| 健康でいること | 1 | 2 | 3 | 4 | 5 | 6 | 7 | 8 | 9 | 10 |
| エンタメを楽しむこと | 1 | 2 | 3 | 4 | 5 | 6 | 7 | 8 | 9 | 10 |
| ファッションを楽しむこと | 1 | 2 | 3 | 4 | 5 | 6 | 7 | 8 | 9 | 10 |
| 美容 | 1 | 2 | 3 | 4 | 5 | 6 | 7 | 8 | 9 | 10 |
| 冷静でいること | 1 | 2 | 3 | 4 | 5 | 6 | 7 | 8 | 9 | 10 |
| 成長すること | 1 | 2 | 3 | 4 | 5 | 6 | 7 | 8 | 9 | 10 |
| 趣味 | 1 | 2 | 3 | 4 | 5 | 6 | 7 | 8 | 9 | 10 |
| 自由な発想 | 1 | 2 | 3 | 4 | 5 | 6 | 7 | 8 | 9 | 10 |
| | 1 | 2 | 3 | 4 | 5 | 6 | 7 | 8 | 9 | 10 |

　注）各項目の作成にあたっては，Ciarrochi et al.（2012）を参考にした。

　ここまでの，エクササイズを通して，自分が人生で大切にしている要素は何だと思うでしょうか。ぼんやりでもかまいません。いくつか書き出してみましょう。また，みなさんはふだん，どんな自分でありたいですか。最後にそれらに近づくために何ができるかについて，思いつく限り挙げてみましょう。

- 人生で大切にしている要素は

```
┌─────────────────────────────────────┐
│                                     │
│                                     │
│                                     │
│                                     │
└─────────────────────────────────────┘
```

- ふだん，どんな自分でありたいか

```
┌─────────────────────────────────────┐
│                                     │
│                                     │
│                                     │
│                                     │
└─────────────────────────────────────┘
```

- 上に挙げた内容について，近づくために何ができるでしょうか

```
┌─────────────────────────────────────┐
│                                     │
│                                     │
│                                     │
│                                     │
│                                     │
└─────────────────────────────────────┘
```

　大切なことに気づくエクササイズを実施してみて，感想はどうでしょうか。やる気が出てきた人もいるかもしれません。自分の人生で大切にしておきたい方向性，軸が分かっていることで，進路や日々の行動選択の指針になってくれることもあります。また，行動を起こすモチベーションにもつながります。

## (3) 考えをコントロールできるかエクササイズ

　ふだん，考えたくないことや，思い出したくないことが頭に浮かんでくることがあると思います。そんなとき，みなさんはどのように対処しているでしょうか。紛らわせようとしたり，ポジティブに前向きに考え直そうとしたりする人もいるかもしれません。ここでは，チャレンジしてほしい 2 パターンのエクササイズがあります。

　1つ目のパターンです。まず，椅子から立ち上がってください。そして，今から1分間，目を閉じて，パンダを頭に浮かべないようにしてください。一瞬たりとも思い浮かべてはいけません。パンダのことを頭から消すことができたら，椅子に座ることができます。少しでも浮かんだら，立ち上がってください。それでは，1分間，よーいスタート。

　※1分間，目を閉じる※

　どうだったでしょうか。椅子に座ることができたでしょうか。パンダは何回くらい，頭に浮かんだでしょうか。

　2つ目のパターンです。今度は，何を思い浮かべてもかまいません。パンダのことを考えてもよいですし，他のことが頭に浮かんでも問題ありません。ただ，1分間，椅子に座り，目を閉じてください。

　※1分間，目を閉じる※

　どうだったでしょうか。パンダは何回くらい，頭に浮かんだでしょうか。

　2つのパターンをやってみて，パンダが頭に浮かんだ回数はどちらのほうが多かったでしょうか。パンダが頭から離れなかったのは，どちらのパターンだったでしょうか。1つ目と2つ目のパターンで違いがある場合，それらはどうして起こったのでしょうか。考えられる理由について，書いてみてください。

　頭のなかからパンダを消すということが，思ったよりも難しかった人が多かったのではないでしょうか。心理学では，考えないようにすると，かえってその思考が増えてしまう場合があることが知られています（Wegner et al., 1987）。ふだん，嫌な考えが浮かんだときになるべく考えないようにしたり，

考えを変えようとしたりするかもしれません。しかし，今回のパンダと同じで，考えをコントロールしようとすると，かえって逆効果になっていることもあるかもしれません。

### 4.2.2　心理的柔軟性に関する説明

　心理的柔軟性は，アクセプタンス＆コミットメント・セラピー（Acceptance and Commitment Therapy: ACT）という心理療法の方法のなかで提唱されました（Hayes et al., 1999）。今回，紹介したエクササイズも ACT で用いられている内容です。世界保健機関（WHO）によるストレスマネジメントの資料においても，ACT の心理的柔軟性に関する内容が扱われるなど，精神的な健康の保持，増進のために，心理的柔軟性という考え方に注目が集まっています。心理的柔軟性について，詳しく学んでみたいという人は，『ACT 不安・ストレスとうまくやるメンタルエクササイズ』（武藤，2023）などが役に立つと思います。エクササイズについて，もう少し体験してみたいという人は，『セラピストが 10 代のあなたにすすめる ACT ワークブック』（Ciarrochi et al., 2012）を読んでみてください。

## 4.3　スポーツ領域における心理的柔軟性の研究結果

　一般的に心理的柔軟性の低さは，うつ症状や不安の高さなど，精神疾患の症状と関連することが多くの研究によって報告されています（例：Fledderus et al., 2010）。一方で，スポーツ領域での研究では，心理的柔軟性の高さと競技パフォーマンスの関連を示す研究が増えてきています。例えば，バスケットボール選手に関する海外の研究では，考えと距離を置き，今，この瞬間に集中することができる傾向が高い選手ほど，フリースローの得点率が高いということが示されています（Gooding & Gardner, 2004）。また，野球の送球パフォーマンスと心理的柔軟性の関連について検討した研究では，送球ミスをしないでおこうという考えが強い人や，自分の考えにとらわれる傾向が強い人は，送球ミスの程度が多いことや，重要な場面での緊張や不安が高いことが明らかとなっています（Inoue et al., 2023）。さらに，コーチや監督からミスを叱責される程度が高いと，送球パフォーマンスが低くなることも示されました。心

理的柔軟性は燃え尽き症候群を低減することに寄与する可能性も示唆されています（Li et al., 2019）。これらのことから，部活動の領域においても，心理的柔軟性を高めるアプローチの重要性が考えられ，普及が期待されます。

## 4.4　おわりに

　私は小学校から高校までは野球，大学では弓道をしていました。よいパフォーマンスをすることをひたすら考えていましたが，「平常心であれ」「緊張やメンタルをコントロールし，克服せよ」という日本のスポーツ特有の雰囲気は，かえって心理的柔軟性を低め，パフォーマンスを下げることにつながっているのではないかと考えています。緊張や不安を感じることは，人間としてとても自然な反応です。たまにはミスも起こります。さまざまな葛藤も現れると思いますが，心理的柔軟性はそれらの心の動きと上手に付き合いながら，好きなスポーツや部活動を楽しむこと，パフォーマンスの向上に大きな助けになると考えています。

　最後に，今回紹介したエクササイズは，不安や緊張の対処法や克服法ではありません。あくまでも自分の気持ちと柔軟に付き合う上でのヒントをつかむものになります。最も大切なのは，エクササイズの実施を通して，日常生活や部活動で，ありたい自分でいること，自らが行いたい活動に少しでもチャレンジし，生き生きとした生活につながっているかどうかです。本章の内容が少しでも，それを後押しするきっかけとなれば幸いです。

### ▊引用文献▊

Ciarrochi, J. V., Hayes, L., & Bailey, A. (2012). *Get Out of Your Mind and into Your Life for Teens: A Guide for Living an Extraordinary Life.* New Harbinger Publication.〔チャロッキ，J. V.・ヘイズ，L.・ベイリー，A.　武藤　崇（監修）　大月　友・石津　憲一郎・下田　芳幸（監訳）（2016）．セラピストが10代のあなたにすすめるACTワークブック：悩める人がイキイキ生きるための自分のトリセツ．星和書店．〕

Fledderus, M., Bohlmeijer, E. T., & Pieterse, M. E. (2010). Does experiential avoidance mediate the effects of maladaptive coping styles on psychopathology and mental health? *Behavior Modification, 34*(6), 503-519.

Gooding, A., & Gardner, F. L., (2009). An investigation of the relationship between mindfulness, preshot routine, and basketball free throw percentage. *Journal of Clinical*

*Sport Psychology*, *3*(4), 303-319.

Hayes, S. C., Strosahl, K. D., & Wilson, K. G. (1999). *Acceptance and Commitment Therapy: An Experimental Approach to Behavior Change.* Guilford Press.

Henriksen, K., Hansen, J., & Larsen, C. H. (2020). *Mindfulness and Acceptance in Sport: How to Help Athletes Perform and Thrive under Pressure.* Routledge.

Inoue, K., Yamada, T., & Ohtsuki, T. (2023). Relationships between throwing yips in baseball, experiential avoidance, cognitive fusion, values, and social factors. *Journal of Clinical Sport Psychology*, (in press).

Li, C., Zhu, Y., Zhang, M., ... Chen, T. (2019). Mindfulness and athlete burnout: A systematic review and meta-analysis. *International Journal of Environmental Research and Public Health*, *16*, Article 449.

Wegner, D. M., Schneider, D. J., Carter, S. R., & White, T. L. (1987). Paradoxical effects of thought suppression. *Journal of Personality and Social Psychology*, *53*, 5-13.

# 第5章

# あなたのための政策をつくる

## データサイエンスで挑む人間中心社会の設計

▶讃井 知◀


## 5.1 社会問題と心理学の出会い

　本書を手に取っているみなさんは，心理学に興味がある人だと思います。では，みなさんが心理学に興味を持ったきっかけは何だったでしょうか。

　私自身は，大学には「社会問題を解決したい」という思いで入りました。実は心理学に出会ったのはその後です。本章では，よい社会制度をつくることを夢見た私が，「人に寄り添った制度づくりには，心理学が必要だ」と思って大学で心理学を学ぶことになった経緯と，研究アプローチ（データサイエンス）について紹介します。


### 5.1.1 身近だけど見えない社会制度

　「政策」「施策」「事業」。18歳から選挙に参加できるようになったので，候補者が掲げる政策について調べたり，考えたりすることも増えたでしょうか。それでも，学校生活を過ごしている間はあまりなじみがないものかもしれません。大切なものなのだろうということは知っていても，毎日変わらない日々を過ごしているときはあまり意識しない，それが社会制度の特徴かもしれません。

　でも，私たちは生まれたら出生届を出し，それによって教育や行政サービスを受けながら生活しています。出産・育児，介護の際にかかる費用は自費だけでは出費が大きく，補助を利用することもあります。また，災害や事件・事故に巻き込まれたとき，経済的に困難な状況のときなど，生活の変化

や困ったことがあった際には特に，制度・政策は突然身近になり，生活に直接的に関わってきます。

### 5.1.2　あなたの声を聴きたい，私の声を聴いてほしい

　私自身，高校時代までは政策については考えたこともありませんでした。しかし，私が大学に入学したのは，東日本大震災があった年でした。震災のときは，住まいが道路のどちら側にあるかによって自分の家に帰ることができなくなったり，被害が大きくてもまったく補償が受けられなくなったりします。ペットが一緒のため避難所や仮設住宅に入れないなど，制度の狭間でさまざまな葛藤を強いられた人を多く見ました。大学入学後，子どもの貧困政策を学ぶと，「経済的に困った家庭に補助金を出す」という政策を行っても，そのお金が子どものために使われず親の私欲のために使われたり，行政サービスの利用申し込みが難しいために本当に支援が必要な家庭ほど行政の支援が行き届きにくかったりする現状などを目の当たりにしました。

　制度はあるのに，いざ使うときになると，それがうまく機能せず問題が解決しない。それは，立案者が悪いわけでも，使う市民が悪いわけでもありません。「よかれ」と思った制度の意図がうまく伝わらなかったり，使いにくかったりすることもあります。また，逆に困っている人の「こうしてほしい」という声を政策立案の現場に届けるのが難しいときもあります。つまり，うまく機能しない原因には，ふだん政策立案現場が市民にとって身近ではない存在であるがゆえのコミュニケーション不足や，制度の「使いやすさ」に対する理解不足があると言えます。有効な公共政策を考える上では，法律や制度に関する知識だけでなく，政策によって生活が変化する私たち「人間」に関する理解が必要なのです。

### 5.1.3　声を政策に落とし込む

　では，どのように立案者と市民という両者のコミュニケーション不足を解決し，人間理解に基づく制度をつくることができるのでしょうか。市民一人一人の声を聞き取るのは現実的に不可能ですし，誰か個人の意見だけで政策を決定するのも不平等が生じます。

　科学的な手法によって心を解き明かす心理学は，こうした問題の解決に寄

与することが期待されています。欧米諸国では政策立案の現場で心理学の知見を生かす体制が整備されてきました（The British Psychological Society, 2019）。市民が解決してほしいと望んでいる社会問題は何か，制度・政策に対してどのように感じているか（公共受容），市民参加の程度やそれに影響する心理要因は何か，制度の円滑な利用を阻む要因などについて，心理学は明らかにしてきました。その知見は，実行可能性や効果の高い施策の立案につながると考えられます。

　英国では 2010 年に内閣府に "The Behavioural Insights Team（BIT）" が，2015 年には米国で心理学をはじめとする行動科学の知見を公共政策のなかに生かしていくための専門的な研究チームとして "Social and Behavioral Science Team（SBST）" が設立されました。日本でもオールジャパンでの取り組みである「日本版ナッジ・ユニット（Behavioral Sciences Team: BEST）」だけでなく，自治体レベルでもチームが結成されており（例：横浜市行動デザインチーム YBiT），現在では，世界で 300 を超える組織が公共政策に行動科学の知見を生かしていると言われています（OECD, n.d.）。

### 5.1.4　アクション・リサーチ

　特に，社会心理学の父と言われるクルト・レヴィンが提唱したアクション・リサーチ（Lewin, 1946）は，政策立案に当事者である市民の声を反映する手法として有益です。アクション・リサーチとは，理論構築と活動のサイクルを回し続ける研究法であり，介入対象（市民）の問題解決と学術的な貢献の双方を目指すもので，まさに，市民の「声になっていない声」を拾い上げる試みです。心理的なカウンセリングや公衆衛生・健康分野の臨床介入においては，研究者に介入対象の市民もしくはそれに実務家が加わる形で行われますが，社会的課題を扱う場合には，政策立案現場との協働が必要になります。図 5.1 にアクション・リサーチにおける協働が期待される主体として，政策立案，研究者（心理学者），実務家，問題の当事者である市民の関係性と，心理学分野が担ってきた介入の例を示します。協働により，政策立案現場に介入対象（市民）に関する情報や施策評価に関する科学的知見が提供されることが期待できます。

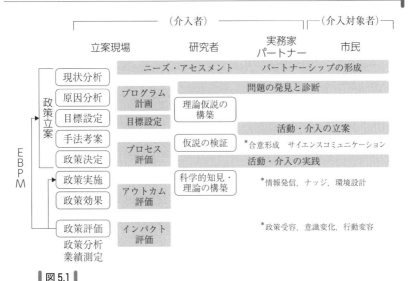

**図5.1**

アクション・リサーチがコミュニティの問題解決とエビデンスに基づく
政策立案（EBPM）に果たす役割

## 5.2　心理学とデータサイエンス

　また，心理学の知見が政策に反映されやすくなっている背景には，データサイエンス（data science）の重要性が社会的に高まっており，政策立案においても，データ分析によるエビデンスが求められていることが挙げられます。税金が元手となる公共政策では特に，妥当性，有効性，効率性，持続性があること，意思決定プロセスの透明性が高いことが求められますので，客観的な指標に基づく議論が好まれます。心理学は実験や調査を行い，得られたデータをもとに統計的手法を用いてきました。そのため，心理学が明らかにしてきた市民の考えや人間の特性は，データ化されることで，議論の俎上に載せることができるのです。

### 5.2.1　データサイエンスの需要の拡大

　データサイエンスとは，ビッグデータを分析して有益な知見を得たり，価値を引き出そうとしたりするものです。ビッグデータを生み出した背景には，

スマートフォンなどのインターネット端末の普及とビッグデータの処理を可能にする技術の発展があります。オンライン上で市民の経済活動や情報発信が行われることにより、個人の心理や行動に関する膨大なデータがオンライン空間上に蓄積され、パソコンさえあればビッグデータの処理を可能にする環境も無料で整備することができるようになりました。その結果、「世界で最も価値がある資源は、もはや石油ではない、データだ」(The Economist, 2017)、「21世紀で最も魅力的な仕事はデータサイエンティストである」(Davenport & Patil, 2012) と雑誌で特集が組まれており、データサイエンスは世界のトレンドとなっています。

## 5.2.2　エビデンスに基づく政策立案と心理学

　データから知見や新たな価値を生み出そうという考えは、政策立案の現場でも重要性を増しています。「これまでの日本の政策過程は、統計データや社会科学の知見に準拠した議論が軽視され、KKO (勘と経験と思い込み) に左右されがちであった」ということが指摘され (小倉, 2020)、エビデンスに基づく政策立案 (evidence-based policy making: EBPM) が求められています。これに対し、行動科学の知見の政策への応用を検討する日本版ナッジ・ユニット (BEST) は、活動目標として「頑強な効果測定とエビデンスに基づく政策立案・実践を実施し、透明性を高め、説明責任を果たすこと」を掲げており (日本版ナッジ・ユニット, 2019)、行動科学の知見を政策に応用する過程をエビデンスの蓄積に寄与するものとして位置づけています。さらに日本版ナッジ・ユニット (2020) では、人の行動に起因する社会課題の解決に関する手引きを作成しており、そのなかで留意すべき点をまとめた「おもてなしフレーム」(図5.2) では、立案検討の透明性の担保と効果検証の必要性が示されています。「なぜその課題に取り組むのか」「他にもっと重要な課題があるのではないか」「立案の過程で論理の飛躍があるのではないか」「もっとよい他の方法があるのではないか」「効果がある政策なのか」といった、政策に対する市民が持つであろうさまざまな疑問に対し、データは答えることが期待されています。

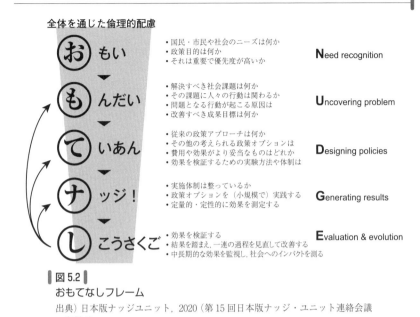

**図 5.2**

おもてなしフレーム

出典）日本版ナッジユニット，2020（第 15 回日本版ナッジ・ユニット連絡会議
　　　資料 1）

### 5.2.3　オンライン空間に拡大する市民の声

　ここまでは「届きにくい声」をデータ化することで，議論の俎上に載せる
ことの重要性と可能性について述べてきましたが，一方で，オンライン空間
上では市民の声が大きくなっており，心理学にはオンライン空間での人間の
振る舞いに対する理解への貢献も期待されます。

　情報化が進み，一市民が SNS などのインターネットメディアを通じて，
自分の意見を発信したりそれを拡散したりすることが容易になったことで，
多くの人が個人の意見を目にし，共感するようになり，個人の問題や心の問
題に対する社会的関心が高くなりました。その結果，SNS での炎上や市民感
情に対して組織としての対応を迫られたり，法律が見直されたりする事態が
起きています（佐藤，2007）。

　また，災害や犯罪発生時にはデマが発生したり，個人の興味に応じた情報
が機械推薦されることで自分と似た意見や自分の見たい情報しか目に入らな
くなる「フィルターバブル現象」がコミュニティの分断を生んだりすること

が指摘されていることなどから，行政機関や警察といった統制機関には，こうしたオンライン空間上の市民の感情や行動を把握し，適切な対応をすることが求められるようになってきました。

　データサイエンスの技術が進み，分析できるデータの種類はどんどん増えており，いわゆる数値データだけでなく，文章，画像，音声，位置情報なども分析対象となりました。つまり，私たちの周りのあらゆるものがデータとして存在し，それをもとに人間についての理解を深めることができるようになっています。こうしたオンライン空間を含む人間理解が，現代を生きる私たちの暮らしを考える上では必要になるでしょう。

## 5.3　おわりに

　本章では，公共政策の立案に心理学の知見が求められていることと，その流れがデータサイエンスというアプローチの広まりによってさらに強まっていることについて紹介してきました。

　現在は，第4次産業革命の真っ只中にあると言われ，超スマート社会（Society5.0）への移行が進んでいます。Society5.0とは，「サイバー空間（仮想空間）とフィジカル空間（現実空間）を高度に融合させたシステムにより経済発展と社会的課題の解決を両立する，人間中心の社会」（内閣府, n.d.）です。心理学分野では，認知心理学者のノーマンが，人間中心主義として，人間の癖や特徴を踏まえたデザインを変化させることでスムーズな利用を促すことを提唱しています（Norman, 2013）。こうした人間にとって使いやすいものづくりのように，人間に寄り添った社会制度づくりへの貢献が心理学に求められているのです。

**┃引用文献┃**

Davenport, T. H., & Patil, D. J. (2012). Data scientist: The sexiest job of the 21st century. *Harvard Business Review*, October 2012. https://hbr.org/2012/10/data-scientist-the-sexiest-job-of-the-21st-century（2023年12月4日確認）

Lewin, K. (1946). Action research and minority problems. *Journal of Social Issues, 2*(4), 34-46.

内閣府　(n.d.).　Society 5.0.　https://www8.cao.go.jp/cstp/society5_0/（2023年12月4日確認）

日本版ナッジ・ユニット BEST　（2019）．年次報告書（平成 29・30 年度）．https://www.env.go.jp/content/900447990.pdf（2023 年 12 月 4 日確認）

日本版ナッジ・ユニット BEST　（2020）．「おもてなし」フレームについて：行動を理解した上での政策立案・実践の手順．https://www.env.go.jp/content/900447802.pdf（2023 年 12 月 4 日確認）

Norman, D. A. (2013). *The Design of Everyday Things* (revised and expanded ed.). Baic Books.〔ノーマン，D. A.　岡本　明・安村　通晃・伊賀　聡一郎・野島　久雄（訳）　（2015）．誰のためのデザイン？：認知科学者のデザイン原論（増補・改訂版）．新曜社．〕

OECD. (n.d.)　Behavioural insights. https://www.oecd.org/gov/regulatory-policy/behavioural-insights.htm（2023 年 12 月 4 日確認）

小倉　將信　（2020）．EBPM（エビデンス（証拠・根拠）に基づく政策立案）とはなにか：令和の新たな政策形成．中央公論事業出版．

佐藤　岩夫　（2007）．〈心理学化される現実〉と法の公共性．学術の動向，*12*(8)，30–34.

The British Psychological Society. (2019). How can we embed psychology in public policy? https://thepsychologist.bps.org.uk/volume-32/may-2019/how-can-we-embed-psychology-public-policy（2023 年 12 月 4 日確認）

The Economist. (2017). The world's most valuable resource is no longer oil, but data: The data economy demands a new approach to antitrust rules. https://www.economist.com/leaders/2017/05/06/the-worlds-most-valuable-resource-is-no-longer-oil-but-data（2023 年 12 月 4 日確認）

# 第6章

# ストレスに強い人と弱い人

## レジリエンスから考える

▶上野 将玄◀

## 6.1　レジリエンスとは：いろいろな面がある現象

　レジリエンスという言葉は，もともと物体の弾力性を意味する，物理学の用語でした。ゴムボールを指で押せばへこみ，指を離せばもとの球体に戻る，という性質をイメージすると分かりやすいかもしれません。現在の心理学におけるこの言葉は，生体において外部からのストレス刺激に反発してもとに戻ろうとする力（図6.1），言い換えれば，「ストレスに対する抵抗力・回復力」「危機に直面してもうまく対処できる能力」「逆境に適応できる力」といった意味で用いられることが多くなっています。

　歴史的には，第二次世界大戦後から，子どもが逆境にさらされた場合の発達におけるリスクを研究するという文脈のもと，小児精神医学で用いられる

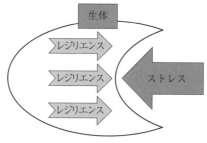

**図6.1**
生体内で働くレジリエンスのイメージ

ようになりました。その後，ベトナム戦争を背景とする心的外傷後ストレス障害（posttraumatic stress disorder: PTSD）研究の文脈から成人の精神医学に導入され，うつ病や統合失調症とも関連づけられるようになりました（Masten, 2015 上山・モリス訳, 2020；加藤・八木, 2008）。2000 年代に入ると，ヒトゲノム解読などの生命科学・神経科学の発展とリンクして，レジリエンスの遺伝子基盤やバイオマーカーを探る研究が盛んになり，動物モデル研究でも用いられるようになりました。並行して，一般成人を対象にレジリエンスを計測するための心理尺度の開発が進みました。近年ではコンピュータの発展とともに，機械学習を用いたレジリエンス現象の解析が提案されています（Bonanno, 2021）。

　このように，社会情勢の変化とともに，レジリエンスが何を観測することで定義されてきたか，何を調べることが社会的に求められてきたか，という文脈が変化し，その上でそれぞれの発展も進んだため，一概に「レジリエンスとは，○○である」と言いがたいところがあります。現代では，「○○という文脈・方法で，レジリエンスの一面を検討する」という形で研究が行われます。私は，「ストレスからの回復が速いこと」をメインに，「環境に素早く適応できること」という面を念頭に置きながら，個体・個人が示す現象としてレジリエンスの研究を行っています。ちなみに，私見としては，レジリエンスという言葉は日本語では「現象」として扱うことが妥当だと考えています。英語圏の "concept" という表現から，しばしば「概念」と訳されますが，一般的な日本語の「概念」は厳密に記述できるニュアンスを含むため，レジリエンスの多面性や複雑性とずれると思います。

## 6.2　動物実験におけるレジリエンス：恐怖条件づけの消去

　レジリエンスを研究する方法の 1 つに，動物実験による恐怖条件づけがあります。恐怖条件づけは，学習心理学という分野の，古典的条件づけというトピックの 1 つです。古典的条件づけの例としては，「パヴロフの犬」が有名です。簡単に言うと，犬にベルの音を流した後に餌を与える，という手続きを繰り返すと，ベルの音がするだけで唾液を分泌するようになる，という現象です。犬にとって，ベルの音は害でも益でもない刺激で，かつ犬は生得的

に餌を食べると唾液を分泌します。条件づけによって，犬はベルと餌という2つの刺激の関係を学習していると考えられています。条件づけのより詳しい理論については澤（2021）をご覧ください。恐怖条件づけは，特定の刺激に対しての恐怖が学習される，という現象です。ここでは，ラットにブザー音を聞かせた後で1秒程度の電気ショックを与える，という手続きを想定します。この恐怖条件づけが成立すると，ブザー音が流れるだけでラットはすくみ反応（フリージング）を示し，動かなくなります。このときのフリージングを計測して恐怖の指標とします。ブザー音が電気ショック暴露に基づく恐怖反応を誘導するわけですが，電気ショックを与えずにブザー音だけを流し続けると，次第にフリージングは少なくなっていきます。この現象を消去（extinction）と呼びます。「消え去る」と書きますが，学習した内容が消滅しているわけではなくて，ブザー音に対して「もうこの後に電気ショックは来ない，安全である」という学習が新たに成立していると考えられています。

　恐怖条件づけとレジリエンスの考え方には二面あり，恐怖反応がそもそもあまり生起しないようなパターン，恐怖条件づけ後の消去が速く，すぐにフリージングを示さなくなるようなパターンが挙げられます（Yehuda et al., 2006）。これはそれぞれ，ストレス抵抗力（resistance）とストレス回復力（recovery）というレジリエンスの2つの側面と対応するとされ，脳や遺伝子の関与を調べるために動物実験が有用だろうと言われています。ストレス抵抗力とはストレス反応を抑制するような力や性質のことで，ストレス回復力とはストレス終了後にベースラインまで反応が低下する速さのことを意味します（図6.2）。ただし，前者のストレス抵抗力は，ストレス刺激の提示やストレス反応の計測が失敗している場合でも，「ストレス反応が小さい」という観測結果は出てきてしまうので，解釈が一義的に定まらないことがあります。実験実施と結果の解釈においては，恣意的な結論にならないよう注意が必要です。

　私の研究として，この「恐怖条件づけの消去が速い個体」を，「ストレスに強いラット」と（少し強引に）仮定すれば，「どんなストレスにも強いラット」というものはいるのかどうか，ということを調べたことがあります（Ueno et al., 2017）。この研究では恐怖条件づけの消去成績によってラットを「レジリエント群（消去が速い）」と「脆弱群（消去が遅い）」に分けました。それぞれの行動をうつ様行動や不安関連行動のテスト，および覚せい剤の条件性場所選好試

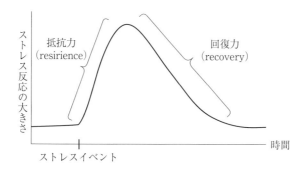

**┃図6.2┃**
**抵抗力と回復力のイメージ図**

注）抵抗力が高ければ，ストレス反応は小さくなり，回復力が高ければ，スト
レス反応の大きさがベースレベルまで戻るまでの時間が短くなります。な
お，抵抗力が高い場合は，そもそもストレス反応が大きくならず，回復力は
そもそもストレス反応が生起していないと捉えられないため，抵抗力と回復
力を同時に捉えることはできません。

験（報酬性物質に対する反応性）で比較したところ，「レジリエント群」のほうが
条件性場所選好の消去が速く，薬物報酬に対する感受性が低いことが示唆さ
れました。また，他の行動試験では顕著な差はみられませんでした。条件性
場所選好試験というのは，壁が黒い部屋と白い部屋で構成された装置を使い
ます。覚せい剤を投与して白い部屋に滞在させることで，ラットが自由に動
けるときも白い部屋に長く滞在するようになります。これは覚せい剤の快楽
と白い部屋という要素がくっつき，「白い部屋にいると気持ちいい」ことを
ラットが学習したため，と考えられています。そして，何も薬を投与せず，
白い部屋に滞在させ続けると，やがて白い部屋に長く滞在する傾向は失われ
ていきます（条件性場所選好の消去）。これは，白い部屋にい続けることで，「も
う気持ちよくない」ことを学習するためと考えられます。この結果は，レジ
リエント群のほうが「この部屋ではもう気持ちよくない」ことを学習するの
が速かった，ということです。すなわち，「複数のストレスに強いラット」は
いるかもしれないが，「どんなストレスにも強い」というのはいないだろう，
というのが現在の私の考えです。

　その他にも，慢性社会的敗北ストレスによる社会的回避の発展や，ショ糖
溶液とコカインのどちらを好むかという物質摂取行動の研究など，さまざま

な動物実験の文脈で，「レジリエント」という言葉が用いられます（上野・廣中, 2022）。ただ，どのようなパターンが示された個体を「レジリエント」と見なすべきかという，妥当性（測りたいものを測れているか）の観点は非常に重要です。私の研究の場合，恐怖条件づけの消去成績に基づいて動物を分類することは妥当かどうか，今後も検討を重ねる必要があるでしょう。

## 6.3　ヒト実験でのレジリエンス：トリーア社会的ストレステスト

　トリーア社会的ストレステスト（Trier Social Stress Test: TSST）とは，ドイツのトリーア大学で始まった，社会的文脈を用いた急性ストレス実験です（Kirschbaum et al., 1993; 山川, 2019）。標準的な TSST では，実験参加者に「あなたの成績は他の人と比較して評価されます」という教示のもと，面接官 2 名の前で，スピーチと暗算を行ってもらいます。スピーチには成人参加者であれば「就職面接における自己 PR」，10 代半ばの青少年であれば，「新しいクラスでの自己紹介」といった課題が与えられます。スピーチや暗算を遂行中，参加者は既定の時間が経過するまで，基本的に途中でやめることができません。TSST のポイントは，そうした統制不可能性と，「面接官の前で行い，その結果が他者と比較される」という社会的評価の脅威にさらされることにあります。TSST は，視床下部 - 下垂体 - 副腎軸のストレス反応（コルチゾールというホルモン濃度の上昇）を頑健に誘発するため，世界的に広く用いられます。実験中のいくつかの時点で，どのくらいストレスを感じているかを報告してもらい，唾液を採取し，コルチゾール濃度を測ります。典型的には，ストレス直後に主観的ストレスは最も高くなり，その 20〜30 分後にコルチゾール値は最も高くなる，という結果になります。

　前節で述べたストレス抵抗力とストレス回復力の考え方を適用すれば，「レジリエンスの高い人」とは，TSST 直後のコルチゾール上昇が小さい，または，TSST 後のコルチゾールの低下がより迅速である，という結果が想像できます。ただし，TSST の文脈においては，コルチゾールの非反応者（non-responder）という発想があります。これはストレス後にコルチゾールが上昇しない人々を意味し，実験において非反応者がしばしば一定数発生するため，適切な分類の上で分析するべきだ，という考え方です（Miller et al., 2013）。

よって，TSST の文脈でストレス抵抗力を調べる場合，「ストレスを受けていない人々よりも有意にストレス反応が上昇している，かつ，平均的なストレス反応よりも有意に反応が低い，かつ，非反応者基準を満たさない」という極めて限定された個人を対象にする必要があるため，ストレス抵抗力とコルチゾールという指標は相性が悪いと考えています。

　ところで，心理学では，人間の心理現象を調べるために，専門的なアンケート調査（質問紙調査）をしばしば行います。このとき，心理学者によって作成された専門的なアンケート項目群（尺度）を用いることで，個人の心理現象を点数化でき，量的な統計解析が可能になります。私は，「レジリエンス尺度で測定可能とされるレジリエンスと，実験室におけるストレス反応から解釈されるレジリエンスは，一貫したものなのだろうか」という疑問を調べたことがあります（Ueno, 2023）。ここでは，個人と環境の資源という観点から認知と行動を計測するレジリエンス尺度（井隼・中村，2008）と，TSST を合わせた実験を行いました。新型コロナウイルス感染症対策を踏まえて，ビデオ通話アプリを用いた TSST オンライン版（TSST-OL）という手法を用いています（Gunnar et al., 2021）。この実験では，レジリエンス尺度に回答してもらった後，尺度合計得点の高群と低群に分類して，TSST-OL 実験に参加してもらい，実験中 7 時点で主観的ストレスと唾液コルチゾールを測定しました。結果として，主観的ストレスと唾液コルチゾール反応ともに，レジリエンス尺度得点が高いことに基づく特徴的な反応は見られませんでした。先行研究でも，心理学的なレジリエンス尺度の成績は，実験室実験におけるストレス反応や回復と関連しないことが指摘されています（Bonanno, 2021）。私の実験はレジリエンス研究としては過去の知見と一貫した結果となったと言えるでしょう。レジリエンス尺度にはさまざまなものがありますが，尺度ごとに背景理論が異なり，レジリエンスのどういった面を測っているのかが異なります。レジリエンス尺度が何を反映しているのかは，現代の課題となっています（平野，2023; 小塩ら，2021）。

## 6.4　レジリエンスの定義と測定：「ストレスに強い」の複雑さ

　現代でも，レジリエンスをどう定義するかは意見が分かれています。レジ

リエンスをポジティブ心理学の構成要素として扱う文献もあれば，レジリエンスのネガティブな側面に触れる文献もあります。後者について，ブロディらのグループは，社会経済的に不利な状況の人々が，心理的な適応を達成する際，ともに身体的健康を損なうリスク（肥満，高血圧，糖尿病など）が増大していることを示した上で，こうした現象を「うわべのレジリエンス（skin-deep resilience）」と表現しています（Brody et al., 2013; Ehrlich et al., 2023）。これは，困難な状況で努力して適応を達成することには代償が生じる，という解釈ですが，レジリエンスが時にネガティブな側面を帯びるというのは重要な知見です。そもそも，ストレスに強いことは弱いことの逆ではありません。さまざまな要素の相互作用として，「強い」または「弱い」と判断されうる結果が検出されるだけであり，単一の要素を有することは，決定的なものではありません。「あの人は○○だからストレスに強い／弱いだろう」と単純に判断することはできません。

　レジリエンスという現象は複雑なものです。生物学的，心理学的，社会的・文化的な要因が，タマネギのように多層に重なって構成され，層同士が相互作用すると言われています（Fonseca et al., 2021）。1 つの層のなかでもさまざまな基準や定義が存在し，それぞれの含意があり，適用の歴史があります。しかし，それは定義を無視していいことを意味しません。ある文脈ではどの定義や基準を用いるべきか，背景とともに考えることが重要です。

### ▌引用文献▐

Bonanno, G. A.（2021）. The resilience paradox. *European Journal of Psychotraumatology*, *12*(1), Article 1942642.

Brody, G. H., Yu, T., Chen, E., ... Beach, S. R. H.（2013）. Is resilience only skin deep? Rural African Americans' socioeconomic status-related risk and competence in preadolescence and psychological adjustment and allostatic load at age 19. *Psychological Science*, *24*(7), 1285-1293.

Ehrlich, K. B., Lyle, S. M., Corallo, K. L., ... Brody, G. H.（2023）. Socioeconomic disadvantage and high-effort coping in childhood: evidence of skin-deep resilience. *Journal of Child Psychology and Psychiatry*. doi:10.1111/jcpp.13840.

Fonseca, R., Madeira, N., & Simoes, C.（2021）. Resilience to fear: The role of individual factors in amygdala response to stressors. *Molecular and Cellular Neuroscience*, *110*, Article 103582.

Gunnar, M. R., Reid, B. M., Donzella, B., ... Bendezú, J. J.（2021）. Validation of an online version of the Trier Social Stress Test in a study of adolescents. *Psychoneuroendocrinology, 125,* Article 105111.

平野 真理 （2023）．自分らしいレジリエンスに気づくワーク：潜在的な回復力を引き出す心理学のアプローチ．金子書房．

井隼 経子・中村 知晴 （2008）．資源の認知と活用を考慮した Resilience の 4 側面を測定する 4 つの尺度．パーソナリティ研究，*17*，39-49．

加藤 敏・八木 剛平（編） （2009）．レジリアンス：現代精神医学の新しいパラダイム．金原出版．

Kirschbaum, C., Pirke, K.-M., & Hellhammer, D. H. (1993). The "Trier Social Stress Test": A tool for investigating psychobiological stress responses in a laboratory setting. *Neuropsychobiology*, 28(1-2), 76-81.

Masten, A. S. (2015). *Ordinary Magic: Resilience in Development.* Guilford Press.〔マステン，A. S. 上山 眞知子・モリス，J. F.(訳) （2020）．発達とレジリエンス：暮らしに宿る魔法の力．明石書店．〕

Miller, R., Plessow, F., Kirschbaum, C., & Stalder, T. (2013). Classification criteria for distinguishing cortisol responders from nonresponders to psychosocial stress: Evaluation of salivary cortisol pulse detection in panel designs. *Psychosomatic Medicine, 75*(9), 832-840.

小塩 真司・平野 真理・上野 雄己（編） （2021）．レジリエンスの心理学：社会をよりよく生きるために．金子書房．

澤 幸祐 （2021）．私たちは学習している：行動と環境の統一的理解に向けて．ちとせプレス．

Ueno, M. (2023). Relationships between drinking habits, psychological resilience, and salivary cortisol responses on the Trier Social Stress Test-Online among Japanese people. *BMC Psychology, 11,* Article 250.

上野 将玄・廣中 直行 （2022）．レジリエンス：アディクション研究の新たな視点．日本アルコール・薬物医学会雑誌，*57*(2)，49-57．

上野 将玄・一谷 幸男・山田 一夫 （2015）．齧歯類を用いたストレスレジリエンスの生物学的メカニズムに関する研究の概観．筑波大学心理学研究，50，1-10．

Ueno, M., Yamada, K., & Ichitani, Y. (2017). The relationship between fear extinction and resilience to drug-dependence in rats. *Neuroscience Research, 121,* 37-42.

山川 香織 （2019）．コルチゾールからストレスを知る．心理学ワールド，*86*，34-35．

Yehuda, R., Flory, J. D., Southwick, S., & Charney, D. S. (2006). Developing an agenda for translational studies of resilience and vulnerability following trauma exposure. *Annals of the New York Academy of Sciences, 1071,* 379-396.

# 第7章

# ママは戦略家

## ヒト女性の進化心理学

▶瀧川 諒子◀

## 7.1　はじめに：進化心理学の考え方

　進化心理学という学問領域について耳にしたことがあるでしょうか。これは文字どおり，人間の心や行動[*1]を理解しようとする学問（心理学）のうち，進化の観点から理解を試みる領域です。ここで進化とは，19世紀の生物学者チャールズ・ダーウィンが『種の起源』で唱えた進化論（Darwin, 1964）に基づく概念を指します。

　ダーウィンの唱えた進化は，3つの基本的な原則に基づいています。

①**遺伝**　　心の特性や行動パターンには遺伝子の影響を受けるものがある。心の特性や行動パターンは，遺伝的に子孫に受け継がれていく。

②**突然変異**　　心の特性や行動パターンが遺伝的に子孫に受け継がれる際，バリエーション（変異）が生じることがある。

③**自然選択**　　心の特性や行動パターンのバリエーションには，生物の生存と繁殖に（特定の環境下で）有利／不利であるものが含まれる。生存と繁殖に有利な心の特性や行動パターンを持つ個体はより多くの子孫を残すことができる。したがって，そうした心の特性や行動パターンは遺伝的に広まっていく。

---

[*1] ここで行動とは，ある刺激に対する意識的あるいは目的的な反応だけでなく，内分泌系や神経系の活動のような生理学的な反応も含みます。

　これまで心理学において，主として心の特性や行動パターンを直接的にもたらす心理生理的メカニズム（例えば，母親が子どもを愛しく思うのはホルモンの働きによると説明されます）の解明が試みられてきました。これに対し進化の観点は，生存と繁殖に有利な心の特性や行動パターンを持つ個体が自然選択されるために，そのような心の特性や行動パターンが私たちに受け継がれてきた，という機能的な説明（例えば，母親が子どもを愛しく思うのはそのような母親を持つ子どもの生存率が高くなるためであると説明されます）を導入します。つまり進化心理学では，人間の心や行動を理解するために，進化のプロセスが私たちにプログラミングしてきた，自身の遺伝子を後世まで残すための種々の戦略についてもまた理解しようと試みます。

　ところで，私は現在，進化のプロセスが私たちにプログラミングしてきた戦略のうち，ヒト女性の繁殖——なかでも，妊娠・出産に関わる戦略に注目して研究を行っています。そこでここからは，これらの戦略に関連した研究をいくつか紹介したいと思います。

## 7.2　ママの赤ちゃんは男の子？　女の子？

### 7.2.1　トリヴァース・ウィラード仮説

　生物学者のロバート・トリヴァースとコンピュータ科学者のダン・ウィラードは，「条件がよいときに息子を産み，条件が悪いときに娘を産む母親は，より多く自身の遺伝子を残すことができる」という仮説を立てました（Trivers & Willard, 1973）。この仮説はトリヴァース・ウィラード仮説（Trivers-Willard hypothesis）と呼ばれています。トリヴァース・ウィラード仮説には，次のような仮定が含まれています（ここでは分かりやすくするために簡略化しています）。

　仮定①　　息子／娘への投資中における母親の条件がよければ（悪ければ），繁殖可能年齢における息子／娘の条件はよくなる（悪くなる）。

　仮定②　　繁殖可能年齢において条件がよいことは，女性よりも男性の繁殖成功度（生涯でどのくらいたくさんの子を残すかの程度）を促進する。したがって，繁殖成功度のばらつきは女性よりも男性のほうが大きくなる（図7.1）。

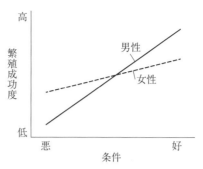

**図 7.1**
男性と女性における繁殖成功度の違い

　つまり，たとえ条件が悪くとも，娘なら繁殖に大きく失敗することはなく，条件がよい場合には，息子なら繁殖に大きく成功できる，ということです。

　ところで，ここで「投資」「条件」とは何を指すのでしょうか。実は，トリヴァースとウィラードはこれを厳密には明らかにしていません。しかしおそらく，「投資」は妊娠中の母体が胎盤を通じて胎児に供給する栄養などの生物学的な投資を指し，「条件」は胎児の発育や出生に関わる母体の生物学的状態に影響する条件を指すと考えられます。なぜなら彼らは，「母親は息子と娘のどちらを産むべきか」を問題にしているからです。

　例えばアカシカでは，群れにおける母親のランクが高いほど子の体重が重くなること（仮定①に対応），体重の重いオスはよりたくさんの子を残せること（一方，メスの体重が重くともそれほどたくさん子を残せるわけではないこと：仮定②に対応），ランクの高い母親はランクの低い母親よりも多くの息子を産むことが明らかにされています（Clutton-Brock, 1991）。

### 7.2.2　トリヴァース・ウィラード仮説のこれから：ヒトへの応用

　それではなぜ，トリヴァースとウィラードは「投資」や「条件」の内容を厳密に同定しなかったのでしょうか。そこには，「この仮説が正しければ，（ヒトのように）子の出生後にも親の投資期間が長く続く種では，親の投資は子の出生後に行われる"意識的な"投資にまで拡張できるかもしれない」（参

考：Trivers & Willard, 1973, p. 91）という展望があったのです。

　しかし，トリヴァース・ウィラード仮説をヒトに応用する際にはより慎重になる必要があるかもしれません。最も重要な点は，仮説が（進化心理学的観点を持たないすべての仮説検証型の研究のそれと同様に）論理的に導かれているということです。つまり，仮説を検証する際には，実際の研究が仮説に内包されている論理を満たしているかについて十分に検討しなければなりません。

　意識的な投資は，果たしていかなる場合もトリヴァース・ウィラード仮説と矛盾しないでしょうか。例えば，息子と娘のどちらもが病原体によって生命を脅かされ，加療を要する状態に陥ったけれども，貧しい親はどちらか一人に治療を受けさせるだけの経済的資源しか有していなかったとします。この状況下では，子の性別よりも息子と娘のどちらのほうが加療の効果を望めるか（生存率が高い状態にあるか）ということがバイアスの重要な要因となるでしょう。また，学歴の高さが女性よりも男性を魅力的に見せる文化を有する社会だとしたら，親はたとえ貧しくとも，娘よりも息子の教育に投資するのではないでしょうか。実際に，ヒトを対象としたシステマティックレビュー（複数の研究を評価し，統合して導かれた知見）によれば，意識的な投資よりも息子と娘のどちらが生まれやすいかについてのほうが，トリヴァース・ウィラード仮説を支持する結果となっています（Thouzeau et al., 2023）。それでは，資源が豊富な工業化社会に生きるヒトにおいて，「貧しいこと」は母体の生物学的状態に影響する条件になりうるでしょうか。——こうした論証の上に近年では，男女の双子の発育差に着目した研究（Takikawa & Fukukawa, 2023）や，「息子に有利な条件を持つ親からは息子が，娘に有利な条件を持つ親からは娘が生まれやすい」と考える研究（Kanazawa, 2005）が行われています。また，少し異なった視点からは，母乳の成分が子の性別によって異なるか検討する研究（Fujita et al., 2012）なども展開されています。


## 7.3　初めての月経はいつ？

### 7.3.1　生活史戦略と初経年齢

　初経とは，女性が初めて迎える月経のことです。初経年齢の個人差のうち，60～80％は遺伝要因によって説明され，20～40％は環境要因によって説

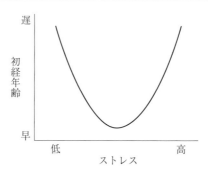

**図7.2**
**ストレスと初経年齢**
出典：Ellis（2004）を著者一部改変

明されます（例：Rowe, 2002）。

　発達心理学者のブルース・エリス（Ellis, 2004）は，特に環境要因について生活史戦略（life history strategy）の観点から，「初経前に経験したストレスの程度に応じて，初経年齢を予測する曲線はＵ字を描く」というモデルを提案しました（図7.2）。

　生活史戦略とは，生物個体が自己の成長，生命維持，繁殖（配偶，養育）といった生活史上の各タスクに対し，利用可能なエネルギーや資源をどのように分配すればより多く自身の遺伝子を残すことができるかを示す戦略です（Charnov, 1993）。個体は，資源の利用可能性が不安定な環境下にあるほど，寿命が短く，体が小さく，成熟速度が早く，生涯に持つ子の数が多く，子の世話をあまりしません。このような考え方は，もともとは生物種間の違いを説明するために用いられてきましたが，心理学領域においては，ヒトという種内における個体の発達様式の違いを説明するために用いられることがあります。

　つまり，個体の生存を脅かす重度のストレス環境下では繁殖よりも生命維持が優先されるため，女性は繁殖を開始する時期（初経）を遅らせます。一方，それほど深刻ではない中程度のストレス環境下では，より早期に繁殖を開始し，生存する子の数を最大化させる必要があります。脅威となるストレスが少ない良好な環境下においてはまた，女性は少数の子に多くの資源を投

資し，子の適応度（生存および繁殖の成功の指標）を最大化させるために，生理的・社会的環境が整うまで繁殖の開始を遅らせます。

### 7.3.2　生活史戦略と初経年齢のこれから：ストレスに対する鋭敏性

　このモデルについて，ストレスに対する生理学的反応の現れやすさ（鋭敏性）に関する個人差を無視することはできないでしょう。ストレスに対する生理学的反応は，一部の人では他の人よりも現れやすいことが指摘されています（例：Aron et al., 2012）。

　このような鋭敏性が高い個体は，多くの個体よりも敏感に脅威に反応できる限り，鋭敏性の低い個体よりも生存と繁殖において有利です。しかしその結果として，鋭敏性の高い個体の数が一定以上に増加すると，もはやそのアドバンテージは享受できなくなります。したがって自然選択は集団内に，少ない，しかし一定の割合の敏感に反応する個体を維持することが示唆されています[*2]（Wolf et al., 2008）。つまり，鋭敏性が高い女性はストレス閾値が低いため，そうでない女性にとって初経年齢を早める中程度のストレスに対しても，重度のストレスに対するかのように敏感に反応し，初経年齢を遅らせるかもしれないのです（瀧川・福川, 2021; 図7.3）。

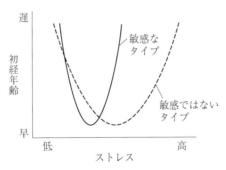

**┃ 図7.3 ┃**
**ストレスに対する鋭敏性による初経年齢予測曲線の違い**

---

＊2　実際には，このような遺伝要因に対して環境要因としてストレスが影響することが考えられます。つまり，鋭敏性がストレスの程度に応じて発達します（Boyce & Ellis, 2005）。これにより，ストレス鋭敏性の個人差における分布は二分的ではなく，連続的であることが推定されます（Ellis et al., 2011）。

## 7.4　おわりに

　本章で紹介した知見は，ヒト女性が最も適応的であるように胎児の発達や初経年齢を調整する戦略が自然選択されてきたという一連の議論を支持しています。しかしながら祖先の環境から大きく様変わりした現代では，かえってその戦略が適応的でなくなることがあるかもしれません（ミスマッチ仮説：mismatch hypothesis; Lieberman, 2013）。そうしたリスクを評価し，ヒト女性やその子どもたちにおける健康の維持・向上に資する知見を深めるためにも，進化のプロセスを論証し，実証していくことが求められています。

### 引用文献

Aron, E. N., Aron, A., & Jagiellowicz, J. (2012). Sensory processing sensitivity: A review in the light of the evolution of biological responsivity. *Personality and Social Psychology Review, 16*(3), 262-282.

Boyce, W. T., & Ellis, B. J. (2005). Biological sensitivity to context: I. An evolutionary-developmental theory of the origins and functions of stress reactivity. *Development and Psychopathology, 17*(2), 271-301.

Clutton-Brock, T. H. (1991). *The Evolution of Parental Care.* Princeton University Press.

Darwin, C. (1964). *On the Origin of Species: A Facsimile of the First Edition.* Harvard University Press.〔ダーウィン，C.　渡辺 政隆（訳）（2009）．種の起源（全2巻，光文社古典新訳文庫）．光文社.〕

Ellis, B. J. (2004). Timing of pubertal maturation in girls: An integrated life history approach. *Psychological Bulletin, 130*(6), 920-958.

Ellis, B. J., Boyce, W. T., Belsky, J., Bakermans-Kranenburg, M. J., & Van IJzendoorn, M. H. (2011). Differential susceptibility to the environment: An evolutionary-neurodevelopmental theory. *Development and Psychopathology, 23*(1), 7-28.

Fujita, M., Roth, E., Lo, Y.-J., … Kendell, A. (2012). In poor families, mothers' milk is richer for daughters than sons: A test of Trivers–Willard hypothesis in agropastoral settlements in Northern Kenya. *American Journal of Biological Anthropology, 149*(1), 52-59.

Kanazawa, S. (2005). Big and tall parents have more sons: Further generalizations of the Trivers–Willard hypothesis. *Journal of Theoretical Biology, 235*(4), 583-590.

Lieberman, D. E. (2013). *The Story of the Human Body: Evolution, Health and Disease.* Pantheon Press.〔E・リーバーマン，D. E.　塩原 通緒（訳）（2015）．人体600万年史：科学が明かす進化・健康・疾病（全2巻）．早川書房.〕

Rowe, D. C. (2002). On genetic variation in menarche and age at first sexual intercourse: A critique of the Belsky–Draper hypothesis. *Evolution and Human Behavior, 23*(5), 365-372.

瀧川 諒子・福川 康之（2021）．出生体重が初経年齢に及ぼす影響：ストレス応答性を考慮して．第14回日本人間行動進化学会発表論文集，31.

Takikawa, R., & Fukukawa, Y. (2023). Sex differences in birth weight depending on the mother's condition: Testing the Trivers–Willard hypothesis in Indian twins. *Evolution and Human Behavior*.

Thouzeau, V., Bollée, J., Cristia, A., & Chevallier, C. (2023). Decades of Trivers-Willard research on humans: what conclusions can be drawn? *Evolution and Human Behavior*, *44*, 324-331.

Trivers, R. L., & Willard, D. E. (1973). Natural selection of parental ability to vary the sex ratio of offspring. *Science, 179*, 90-92.

Wolf, M., van Doorn, G. S., & Weissing, F. J. (2008). Evolutionary emergence of responsive and unresponsive personalities. *Proceedings of the National Academy of Sciences*, *105*(41), 15825-15830.

# 第**8**章

# 老舗のお店に行きたくなるかを調べてみよう

▶前澤 知輝◀

## 8.1 大学で学ぶ心理学

　本書を手に取ったみなさんは，大学で学ぶ研究としての心理学に興味を持っていると思います。そこで，「老舗のお店研究」をただ単に紹介するだけではなく，研究とはどういうことをしているのか，という内容を交えながらまとめたいと思います。

### 8.1.1 研究とは何をしているのか

　研究と書くと，何だか難しいような気がしますが，そうであることも，そうでないこともあります。研究の流れを簡単に書けば，調べたいことを考え，下調べをして，目標を立て，実験を実施し，分析し，結果を考察する，となります。大学の卒業研究だとしても，特別な違いはありません。実は似たようなプロセスは，何も研究活動でなくとも，企業などで事業計画や事業実施という形で行われています。

　実際の研究者がどのように研究テーマを考え，どのように研究活動に従事するかについては，研究者を取り巻く環境や所属する組織によって変わるような気がします。大学に所属する研究者は，一人一人が自営業者のように，自分で考えた研究テーマに取り組んでいます。ただ，企業から研究を委託される（頼まれる）こともあれば，別の研究室から協力を頼まれたり，頼んだりすることも少なくありません。研究テーマ自体が指導教員の知識に縛られることもあります。また，大学だけではなく，みなさんがよく知っている企業

や研究組織にも研究者はいます。そういった研究者は，組織が掲げる理念に賛同して，その目標を達成するために研究を行います。企業の研究者の場合，研究活動には明確な守秘義務があり，大学の研究者ほど研究内容をオープンにしていない場合もあります。

　最近はSNSやニュースで研究に関する書き込みをよく見かけますし，漫画などでそれを描いている人もいます。こうした媒体から情報を集めてみるのもよいかもしれません。ただ，学問によって文化は異なりますし，嘘や誇張された情報に注意が必要です。

### 8.1.2　身近な現象を研究テーマにする

　ここで紹介する「老舗のお店に行きたくなるかを調べる」（Maezawa & Kawahara, 2021）という研究は，何だか小学校の自由研究のようで，みなさんも「自分でも思いつきそう」と感じるかもしれません。集めたデータの取り扱いに知識が必要だということを除けば，実際にそうかもしれません。

　心理学では，専門家しか理解できないような内容に限らず，専門家ではない人たちもよく知っているような身近な現象をテーマにできます。これは，人の行動や心の働きを研究対象にしている心理学だからこその事情です。「老舗のお店に行きたくなる」ということも，テーマとしてはそれほど難しそうではありません。ところが，こうした身近な現象は，意外にもその効果やメカニズムについて調べられてはいません。なかには社会や産業にとって重要な研究もあり，みなさんの知らないところで精力的な研究が行われています。

　私が「老舗のお店に行きたくなるか」を調べようと思った理由は，ご飯を食べているときにメニューを見て疑問に思ったから，という素朴なものです。ですが，もし「古いお店ほど行きたくなる」という消費者の行動を明らかにできれば，飲食店の経営者が自分の商品広告を出すときの参考になるのではないかと考えています。例えば，経営者がお店の創業年をアピールすればお客が増えるかもしれません。

　しかし，テーマを決めてからの研究プロセスには技術と経験が必要です。心理学では，データはただやみくもに集めればよいわけではなく，決められた手続きに即して集めていき，適切な分析の方法で処理をしなければいけま

せん。また，実験や調査で分かった結果を単純にまとめるだけではなく，な
ぜそうなったか，そこからどういうことが期待できそうか，といった考察を
して初めて成果として認められます。これをしっかり行うことが，心理学者
の仕事であると言えます。

## 8.2　研究テーマが決まったきっかけ

　さて，ここからが本題である研究の紹介となります。ここでは，みなさん
には「私」の視点に立ってもらい，研究の一連のプロセスを知ってもらおう
と思います。

　大学院生だった私は，愛知県の大学で勉強会に参加した帰り，指導教員と
お昼を食べに行きました。市内には豊橋カレーうどんという，うどんの下に
ライスがある炭水化物攻めの料理があり，それを食べるのが目的でした。指
導教員は，飲食店のメニューに書かれている創業年（創業〇〇年）を見つけ
て，飲食店がお店の創業年をアピールすることに意味があるのかと疑問を持
ち始めました。確かに，経営者が何か効果を期待していなければ，自分のお
店のメニューや看板に創業年を載せることはないかもしれません。うどんの
お店は他にもたくさんあるので，他店より目立つためにそうしている可能性
もあります。

　大学に戻って自分で調べてみると，豊橋カレーうどんだけでなく，老舗を
アピールする飲食店が多いことに気がつきました。特にそば屋は，江戸時代
やそれ以前から続いている店舗もあるようで，Web で検索しただけでも 100
件以上の店舗が創業年をホームページに表示していました（図 8.1）。そばの
ような伝統的な和食では，代々伝わる味というように，老舗であればある
ほど品質に信頼を持たれやすいのかもしれない，と思い始めるようになりま
した。

　こうして研究のきっかけを得た私は，「soba」という名前の研究プロジェク
トとして，「創業年表示の効果」を明らかにするための実験を行うことになり
ました。モデルとしたのはそば屋です。

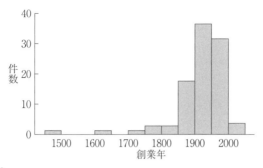

**図 8.1**
Web 広告を集計した日本のそば屋の創業年データ（全 100 件）

## 8.3　創業年表示に関わる 3 つの効果から結果を予測する

　研究を始めるにあたって，明らかにしたい現象（効果）が，本当にあるのかどうかということに当たりをつけることも大切になります。やみくもに効果を調べるだけでは，時間とお金が無駄になってしまうからです。

　さて，私がそば屋での創業年表示に意味があると感じていたのは，実は経験的に何となくそう感じていただけではなく，とある心理学の背景知識を知っていたからでした。その 3 つの知識とは，①ラベリング効果（例：Skaczkowski et al., 2016），②概念一致効果（例：Zhang et al., 2019），③計画的行動理論（Ajzen, 1991）に基づく媒介効果です。まず，①と②について，簡単に説明します。

　スーパーで売られているお菓子のパッケージには，さまざまな情報が書かれています。今，売り場からクッキーの箱を手に取ったとしましょう。箱に低カロリーやオーガニックなどの言葉（ラベル表示）が書かれていたとします。しかし，「低カロリー」の文字は，多くの人に対してクッキーのおいしさの期待を下げてしまうことが分かっています。短い情報でも，その他に特徴的な情報がなければ，商品の第一印象にネガティブあるいはポジティブなイメージを与えることがあります。これをラベリング効果と言います。

　さらに，言葉と商品の概念が一致していれば，私たちの認知機能における情報処理が強められて，商品に対する印象がよくなることが分かっていま

す。これを概念一致効果と言います。ここでの概念とは，幅広い意味を持ちそうですが，和風や西洋風といったイメージの話だと思ってください。クッキーの商品名がアルファベットや横書きで書かれることが多いのは，和スタイルの文字が商品のイメージと合わないからです。同じように，テスラ，ベンツ，フェラーリなどの宣伝に和スタイルの文字を使うことはありません。こうしたイメージが広告と一致していないと，むしろ逆効果となる可能性もあります。

　そば屋の話に戻すと，創業〇〇年というラベル表示は，それ１つを見せるだけで商品に対する第一印象に影響を与える可能性があります。また，「老舗」というラベル表示と「伝統的な食品」であるそばの概念一致性が，さらに好印象を生んでいる可能性があります（図8.2）。

　また，概念一致効果からは，他にもいろいろな可能性を予測できます。例えば，創業年の表記が，和暦で書かれている場合と西暦で書かれている場合では，和暦のほうが好印象を持たれやすいかもしれません。

　ある程度の背景知識が整理できてきたところで，私は，仮に調査・実験を行った場合に，どのような結果となるのかを考えてみることにしました。心理学における研究作法の１つとして，①何が，②何に対して，③どのような

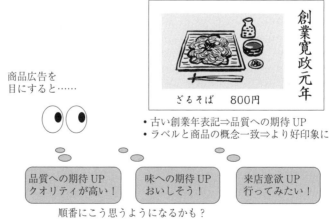

**図8.2**
イメージ画像

影響を及ぼすのか，という結果の予測を立ててみます。研究の世界では，何が原因となり，そのような結果をもたらすのかという因果関係を明確にする必要があります。「何に対して」ということについては，先行研究から，古い企業の商品ほど品質への期待が高くなる（Lyon & Colquhoun, 2001）ということも分かっています。この知見と，先述した2つの効果から，次のように予測をしました。

- **予測Ⓐ**　①古い創業年の表示が，②（古ければ古いほど）そばの品質への印象に対して，③期待感を高める。
- **予測Ⓑ**　①和暦による創業年の表示が，②そばの品質への印象に対して，③（西暦による創業年の表示よりも）期待感を高める。

　これでやっと心理学の研究っぽくなり，実験を始める準備も整ってきました。しかし，まだ考えるべきことがあります。それは，創業年表示がそばの品質への期待感を高めた，と分かったとして，それがどのように来店意欲と結びつくのかというプロセスの説明ができていないことです。今回のテーマは，「老舗のお店に行きたくなるかを調べる」ということでしたね。

　いくつか考えはありそうですが，今回の話は，計画的行動理論に基づく媒介効果によって説明ができそうです。ごく簡単に説明すると，商品に対する品質や味などへの期待感が高ければ，その気持ちが「お店に行ってみたい意欲」に結びつくということになります（図8.2）。ただし，その矢印（因果関係）の方向性は安直に決めてはいけないようです。なぜなら，品質への期待が，直接的に来店意欲を高めるか，それとも何かを媒介（橋渡し）して高めるのか，という2つの可能性があるからです。ここでは味への期待感というものが大切だというように目星をつけていました。例えば，私たちがふだんお店に行くかどうかを決める基準には，最終的には「おいしそう」という気持ちが決め手になります。「盛りつけがきれい」「雰囲気がよい」「職人クオリティ」などの印象は確かに大事でも，それは結果的に「おいしそう」という感覚に結びついていきます。そこで，味への期待感が，品質への効果を媒介して，来店意欲を高めていると考えてみました。

・予測Ⓒ　　①古い創業年の表示が，②そば屋への印象に対して，③品質
→味への期待→来店意欲の順に評価を高める。

## 8.4　なぜそうなったか，そこからどういうことが期待できそうか

　研究の道筋がつかめた私は，参加者を募集して，簡単な実験を行ってみました。全体で５つの実験を行い，予測の検証をしました。そうしてみると，どの予測も正しいことが分かりました。まず，古い創業年の表示はそばの品質への期待感を高め，次いで味への期待感を高め，最終的にお店への来店意欲を高めているようでした。「寛政〇〇年」や「大正〇〇年」という古い年号はインパクトが強い一方で，「令和〇〇年」という表示に効果はありませんでした。また，創業年が西暦で書かれている場合は，品質への期待感も来店意欲もなくなってしまうようでした。しかも，似たような効果はそばだけではなく，和菓子のような他の食品でも表れることが分かりました。

　ここまで，なぜそうなるのか，という創業年効果のメカニズムについて予測どおりの結果が得られました。しかし，これで終わらないのが研究活動の大変なところです。結果から期待できることを考えるまでが仕事になります。例えば，期待できることについては，この研究が経営者が自分の商品広告を出すときの参考になるだろうという考えがあります。また，「老舗のお店に行きたくなる」効果は，もしかしたら，よい製品を売る店舗は生存するという，個人の経験に基づいた判断を反映しているのかもしれません。もしそうだとすれば，経験は年齢や性別，場合によっては国籍などによって変わるため，これらの個人差が創業年効果を変調してしまうことが考えられそうです。このようにして，次の研究のアイデアも生み出していきます。

　最後に，研究成果の発表について簡単に触れたいと思います。研究発表では，ここまでで得られた結果と主張を明確にする記述（論文化）します。研究を構想するまでの背景やその意義，研究結果の予測（仮説），実験参加者の人数を決めた根拠，結果の統計学的記述などを書き，他の研究者が同じ実験をまね（再現）できるようにしなければいけません。根気のいる作業が待っています。

## 引用文献

Ajzen, I. (1991). The theory of planned behavior. *Organizational Behavior and Human Decision Processes, 50*(2), 179-211.

Lyon, P., & Colquhoun, A. (2001). Selectively living in the past: Nostalgia and lifestyle. *Journal of Consumer Studies & Home Economics, 23*(3), 191-196.

Maezawa, T., & Kawahara, J. I. (2021). A label indicating an old year of establishment improves evaluations of restaurants and shops serving traditional foods. *PLOS ONE, 16*(11), Article e0259063.

Skaczkowski, G., Durkin, S., Kashima, Y., & Wakefield, M. (2016). The effect of packaging, branding and labeling on the experience of unhealthy food and drink: A review. *Appetite, 99*, 219-234.

Zhang, Y., Kwak, H., Jeong, H., & Puzakova, M. (2019). Facing the "right" side? The effect of product facing direction. *Journal of Advertising, 48*(2), 153-166.

# 第Ⅱ部
# 大学で心理学を学ぶ上で
# 考えておきたいこと

　第Ⅱ部は大学で心理学を学ぶにあたって生じる，さまざまな疑問にお答えすることを目的にしています。進学先の見つけ方，心理学を学ぶ上で必要なスキル，心理学を学んだ後の就職先，心理職の資格取得，資格を生かした働き方，心理学分野における留学について，6章にわたり各執筆者の実際の経験をもとにご紹介します。進路選択の参考にしていただけたら幸いです。

# 第9章

# 大学や大学院で心理学を学ぶとは

▶近藤 竜生◀

　一概に「心理学」といっても，臨床や教育，スポーツなど，その専門分野は多岐にわたります。以前は，文学部や教育学部で心理学を学ぶのが一般的だったことからも，日本では文系に分類されることが多いと思います。しかし海外では，心理学は理系に分類されることが多く，統計手法をはじめ数学との関連も深い分野です。本章では，心理学の各専門分野や進学先の決め方について，専門分野を教育学から認知心理学に変更した大学院生の立場から述べます。

## 9.1　どの学部を選択するか

### 9.1.1　心理学の専門分野

　心理学の専門分野は，非常に多岐にわたります。第Ⅰ部でも，音楽や健康，スポーツと関連する心理学について紹介してきました。心理学部に進学すると，いろいろな専門分野について幅広く学べる講義があるため，必ずしも大学入学前から専門分野を決定する必要はありません。しかし，すでに心理学のなかでも特定の専門分野に興味がある場合は，大学を選択する理由の1つとしてその専門分野が学べるかを考慮してもいいかもしれません。大学の先生たちにもそれぞれ専門分野があり，すべての分野に詳しいわけではないからです。また，公認心理師などの特定の資格取得を目指す場合は，進学先で取得できるかを調べておく必要があるでしょう。心理学を学びたいけれど進学先を迷っている人や，進学する前に心理学についてもう少し詳しくな

りたい人などに向けて，心理学の専門分野をいくつか紹介します。

　心理学の専門分野を大きく分類すると，基礎心理学と応用心理学に分けられます。基礎心理学では，心理学の基本的な原理や理論，メカニズムに焦点を当てた研究を行います。以下に，その一部を紹介します。

①**生理心理学**　　心の働きや行動の仕組みを生理学的指標を用いて解明することを目的とした分野です。心拍数や呼吸，脳の活動や眼球運動などを計測して人間の心理的過程を研究します。

②**認知心理学**　　記憶や知覚，思考，言語などの認知機能を解明することを目的とした分野です。脳の活動を計測する研究もありますが，近年は人工知能と関連した研究も増えています。

③**数理心理学**　　数理モデルなどの数学的な方法を用いて認知，感情，行動などの心的プロセスを解明することを目的とした分野です。人工知能や機械学習とも関連が深く，心理学的現象をモデル化し，認知や行動を再現・予測する研究などがあります。

④**発達心理学**　　人が生涯を通じて発達，成長していく過程を解明することを目的とした分野です。胎児期から高齢期まですべての人を対象に，情緒や社会性，認知などの変化の過程を研究します。

⑤**社会心理学**　　人々が社会行動や社会生活のなかでどのように思考，行動するのかについて解明することを目的とした分野です。社会のなかでの個人の行動や異文化，国際間の行動の比較などを研究します。

　一方，応用心理学では，基礎心理学の知見を活用し，実際の生活場面や社会的な問題を解決するための研究や実践を行います。以下に，その一部を紹介します。

⑥**臨床心理学**　　精神障害や心の問題の成り立ちを研究し，問題を軽減・解消することを目的とした分野です。専門分野のなかでも最も知られている分野の1つで，公認心理師や臨床心理士になりたい人はこの分野に進学することをお勧めします。

⑦**教育心理学**　　子どもの成長発達や学習に伴う心や行動の変化の過程，

そのなかで生じる問題を解決することを目的とした分野です。教育学部でも専門的に学ぶことができ，この分野を学んだ人は臨床心理士などの資格取得後に，スクールカウンセラーとして働く人も多いです。

⑧**産業心理学**　　職場環境の改善や疲労回復，ストレスケアなどの産業活動上で生じる問題を心理学の観点から解決することを目的とした分野です。この分野を学んだ人は，産業カウンセラーとして一般企業で働く人も多いです。

⑨**芸術心理学**　　芸術作品や芸術活動に関する人間の認知，感情，行動，および社会的側面を研究することを目的とした分野です。多様な芸術形式に関連し，創作過程や知覚・評価，教育などの応用分野に寄与しています。

⑩**スポーツ心理学**　　スポーツに関わる課題を心理学的側面から明らかにし，選手のパフォーマンスを向上させることを目的とした分野です。モチベーションの維持やプレッシャーの対応，メンタルトレーニングについて学びます。

　ここで挙げた以外にも，経済心理学や犯罪心理学など，まだ多くの専門分野があります。毎年秋頃に行われる日本心理学会の学術大会では，各専門分野の最先端の研究に触れることができるため，興味の持てる分野を見つけることができるかもしれません。また日本心理学会若手の会では，高校生や学部生も参加できる進路相談会やプレゼンバトルなどのイベントを企画しています。みなさんの志望する大学に通っている大学生の話が聞けたり，心理学について気軽に議論できる仲間を見つけることができたりするかもしれません。詳しくは日本心理学会や日本心理学会若手の会のホームページをご覧ください。

## 9.1.2　進学先の決め方

　興味のある分野が見つかったら，インターネットでさらに詳しく調べてみたり，その分野が学べる大学を探してみたりするといいでしょう。気になる大学が見つかったら，その大学のオープンキャンパスやホームページ，学校の先生や保護者の意見なども聞いてみることをお勧めします。進学先を探す

| 表 9.1 | | | | |
| --- | --- | --- | --- | --- |
| 心理学の専門分野とそれに関連する分野 | | | | |
| 基礎心理学 | | | | |
| 生理心理学 | 認知心理学 | 数理心理学 | 発達心理学 | 社会心理学 |
| • 医学<br>• 薬学 | • 医学<br>• 薬学<br>• 情報学 | • 数学<br>• 理工学<br>• 情報学 | • 教育学<br>• 社会学 | • 社会学<br>• 民俗学 |
| 応用心理学 | | | | |
| 臨床心理学 | 教育心理学 | 産業心理学 | 芸術心理学 | スポーツ心理学 |
| • 医学<br>• 薬学 | • 教育学 | • 経済学<br>• 社会学 | • 芸術学<br>• 文学 | • 身体科学<br>• 医学 |

際は「心理学部」という名前にとらわれず，違う学部も視野に入れたほうが自分の本当に学びたいことを学べる場合もあります。私が高校生の頃は，心理学のなかでも教育心理学に興味があったため，教育学部教育学科に進学しました。幸いにも，昔は文学部や教育学部で心理学を学ぶことが一般的だったという背景もあってか，私が進学した教育学部には教育学科と心理学科があり，心理学科の講義も容易に受けることできました。そのおかげで主に興味を持っていた数学教育および教育心理学について集中的に学び，他の心理学の専門分野についても学ぶことができました。

　表 9.1 のように，心理学の専門分野とそれに関連する分野はたくさんあります。そのため，例えば医学部や社会学部に進学したとしても，その学部と関係のある心理学について学べる講義もあると思います。心理学以外の学問にも興味があるならば，どちらがより学びたい内容なのかを吟味して進学先を選択したほうがいいでしょう。ただし，最初に述べたように，進学前に専門分野を詳しく決定する必要はありませんし，何となく心理学全般を学びたいから心理学部に進学するという考え方もあります。私のように，途中で興味のある分野が変わり，その分野をより勉強したいと思った場合は，大学院進学に際して専門分野を変更することもできます。勉強する内容ばかりにとらわれず，大学の立地や雰囲気なども参考に決めてもいいでしょう。

## 9.2　大学入学後に心理学に興味を持ったら

　この本の読者のなかには，すでに大学に進学したけれども途中で心理学に興味を持ち，勉強したいと思っている人もいるかもしれません。その場合は，心理学を専門的に勉強できる大学院に進学するという選択肢もあります。

　大学院には修士課程と博士課程があります。一般的に，修士課程で2年間勉強して修士号を取得後，博士課程に進学することができます。私は，博士課程に進学するときに，専門分野を教育学から認知心理学へ変更しました。本節では，専門分野を教育学から心理学へ変更した私の体験を中心に，他分野から心理学へ専門分野を変更することについて紹介します。

### 9.2.1　心理学の研究をしたいと思った経緯

　私は，高校生のとき心理学に興味があったものの，将来的には数学の教員になりたかったため，教育学部に進学しました。数学が苦手で悩んでいる生徒を一人でも多く救いたいという思いがあったため，大学卒業後はすぐに教員として働くつもりでした。しかし大学3年生の頃，公立中学校に教育実習に行ってからその考えが変わりました。そこで感じたのは，圧倒的な学力の差です。教育実習に行く前も，塾講師のアルバイトなどで多くの生徒に数学を教えてきましたが，塾に行ったことがない公立中学校の生徒に授業をしたことはありませんでした。塾に通っている生徒のなかにも，数学の苦手な生徒はたくさんいますが，その比ではありませんでした。教育実習の経験を機に，なぜここまで学力に差が生じるのか，数学が得意な人と苦手な人の根本的な違いは何なのか気になるようになりました。またこれらを明らかにできれば，数学が苦手で悩んでいる生徒を一人でも多く救うことにつながると考え，大学院に行って研究したいと思うようになりました。

　数学は，得意な人と苦手な人の差がとても激しい教科です。数学ができないことを理由に勉強そのものが嫌いだったり，自分に自信が持てなかったりするくらい「数学嫌い」は深刻な問題となっています。では，数学の得意な人と苦手な人は何が違うのでしょうか。多くの研究者たちがこの問題に取り組んできた結果，現在考えられている要因はいくつかあります。そのなかでも私は，脳機能の差や問題の解き方の違いに興味を持つようになりました。

例えば，頭のなかで図形を上手に回転させたり動かしたりできる人は，脳の頭頂間溝がより活性化することが分かっています（Hawes et al., 2019）。また，空間図形の課題を解いている際，正答率の高い人と低い人では課題の見ている場所が違うことも分かっています（青木ら，2021）。課題を解いている際の脳活動や視線を分析することで，数学が苦手となる根本的な原因の解明や，適切な学習支援策の考案ができるのではないかと考えるようになりました。そのため修士課程では，数学教育が専門であるものの，脳活動や視線といった認知心理学的な視点からの研究も行っている教授の研究室に進学しました。

　修士課程進学後も，教員になりたいという思いが強かったため，修了後は教員になる予定でした。そもそも私が進学した大学院には修士課程までしかなく，進学するとしたら他の大学に行く必要がありました。また，博士課程に進学しても自分の実力でやっていけるのかという不安もありました。そのため，博士課程への進学は迷いましたし，進学するとしても教育学か認知心理学か，どちらの分野に進むのかという懸念もありました。

　最終的に認知心理学の博士課程に進学することを決意しましたが，その大きな要因は脳活動や視線の分析に大きな可能性を感じたためです。メシュラムら（Meshulam et al., 2021）は，脳活動を分析することで，約3か月後のテストの成績をある程度予測できることを報告しました。また，ニューマンら（Newman et al., 2021）は，学習前後の脳活動を比較することで，行った学習の有効性を評価できると述べています。このまま研究が進んでいけば将来的には，その子の個性や特徴に合った専用の教材や学習法を提案できる世の中がやってくるのではないかと考えました。そしてそれが結果的に，数学が苦手で悩んでいる生徒を一人でも多く救うことのできる未来につながるのではないかと考えました。とはいえ，その未来のためには解決すべき課題がいくつも存在します。よって，まずは自分のできる範囲でそれらの課題に取り組んでみたいと思うようになり，脳活動や視線の分析手法についてより詳しく学ぶことのできる認知心理学の博士課程へ進学することを決意しました。

### 9.2.2　専門分野を変更したことによる変化

　専門分野を教育学から心理学に変更したことにより，さまざまな変化がありました。とはいえ，私は現在も教育学と認知心理学の両分野に関する研究

を行っており，完全に専門分野を変更したわけではありません。それにもかかわらず，専門分野を変更したことによってよかったことや大変だったことがたくさんあります。まずはよかったことについて話します。

　よかったことの1つ目は，今までとは違った視点から意見がもらえることです。大学の先生方や学生，研究者は似たような研究をしている人同士でも，意見や考え方がまったく違うことがあります。しかし，根本的な考え方や立ち位置は似ていることが多いものです。一方で，研究分野が違うと，根本的な考え方すらまったく違うことがあるため，思わぬ意見やアイデアをもらえることがあります。いろいろな分野の人からの意見やアイデアを自分のなかで蓄えておき，数ある選択肢のなかから自分が適切だと思うものを選べるようになったと感じています。

　よかったことの2つ目は，これは特に私に当てはまることですが，自分の研究のオリジナリティを出しやすいことです。研究とは，世界中でまだ誰も知らないことを明らかにしていく行為です。そのため，自分の研究のオリジナリティを把握しておくことはとても重要です。私が今行っている研究は，ざっくり分けると「脳活動計測」「視線計測」「数学教育」「ICT学習」の要素を組み合わせた研究になっています。心理学では「脳活動計測」「視線計測」の研究は多く，この2つを組み合わせた研究はさほど珍しくありません。同様に教育学では「数学教育」「ICT学習」の研究は多く，この2つを組み合わせた研究も珍しくありません。しかし，これら4つの要素を組み合わせた研究となると，世界でもほとんど例がありません。どの要素も，心理学や教育学のなかでは広く行われている研究ですが，2つの分野を統合するとオリジナリティのあるものとなります。専門分野を完全に変更したとしても，これまで学んできたことがなくなるわけではありません。他分野のことを知っているからこそ，見えてくるものがあると思います。

　変更してよかったことはたくさんありますが，もちろん変更して大変だったこともあります。1つ目は，勉強です。通常，その分野の基礎的な知識は学部時代に講義を通じて勉強します。一方で，大学院進学時など途中で専門分野を変更する場合は，大学院入学後に勉強することになります。自身の研究を行いながら基礎的な知識を学ぶとなると，かなりの労力を要します。また認知心理学の研究は，多くが英語で書かれた論文です。心理学に限らず，

その分野ならではの英単語や独特な言い回しがあるため，英語の論文を読む訓練が必要です。

　大変なことの2つ目は，研究の進め方です。工学や生物学など，いわゆる理系分野から心理学に変更した大学院生に話を聞くと，研究テーマは指導教員から与えられることが多いようです。自分がやりたい研究とは違うかもしれませんが，やらなければいけないことが決まっているので，卒業まで順序立てて研究を進めやすかったそうです。一方で心理学の場合は，自分で一から研究テーマを考えることが多く，自分のしたいことを研究できます。しかし研究テーマを決めることは，研究のなかでも最も難易度の高いことの1つですし，研究テーマに沿った実験計画を立てることも難しく，実験を始めるまでに時間がかかります。研究テーマが決まった後も，実験刺激の作成や実験，データ解析など，論文執筆までやることがたくさんあります。自分のなかできちんと計画を立てて研究を遂行するように注意しましょう。

**┃引用文献┃**

青木　駿介・岡本　尚子・黒田　恭史　(2021)．立方体の切断課題遂行時における学習者の視線移動の特徴：視線移動計測実験の分析を通して．数学教育学会誌，*62*(1-2)，121-129.

Hawes, Z., Sokolowski, H. M., Ononye, C. B., & Ansari, D. (2019). Neural underpinnings of numerical and spatial cognition: An fMRI meta-analysis of brain regions associated with symbolic number, arithmetic, and mental rotation. *Neuroscience & Biobehavioral Reviews*, *103*, 316-336.

Meshulam, M., Hasenfratz, L., Hillman, H., … Hasson, U. (2021). Neural alignment predicts learning outcomes in students taking an introduction to computer science course. *Nature Communications*, *12*, Article 1922.

Newman, S. D., Loughery, E., Ecklund, A., … Soylu, F. (2021). Structured versus free block play: The impact on arithmetic processing. *Trends in Neuroscience and Education*, *22*, Article 100146.

# コラム③

# 心理学部・学科以外から心理学の道へ

▶渡部 綾一◀

　私は現在，京都大学大学院文学研究科で博士後期課程の大学院生と日本学術
振興会の特別研究員をしています。

## ●心理学との出会い・進学の動機

　私は発達認知神経科学（発達心理学と認知心理学，神経科学）を専門とし，
子どもの意識の研究をしています。私が子どもの意識の研究に興味を持った経
緯には主に3つの流れがあります。まずは子どもや若者の心のケアへの興味，
次に人間の思考と感情の無意識と意識への興味，最後に人間の脳への興味で
す。死ぬことと生きることの意味についてもずっと考えていました。ただ，ど
の学部に入学したらそれらが学べるのかが分からず，現役で大学に進学するこ
とができませんでした。

　浪人してから，文系・理系に縛られず，哲学と心理学，神経科学を幅広く学
びたいと思い，横浜市立大学に入学しました。発達心理学ゼミに所属して，子
どもの嘘の発達の研究を卒業論文として執筆しました。その後は，京都大学大
学院で，子どもの意識の発達の研究をしています。

## ●大学生活の一日

　1年次は理学部に所属し，数学と物理，化学，生物の授業が中心でした。だ
いたい1日に3〜4コマ（1コマ90分）の授業を受け，夜は4〜5時間塾講師
をしていました。2年次からは国際教養学部に転学し，哲学や心理学，教育
学，数学，神経科学の授業が中心でした。塾講師も継続しました。2年次から
発達心理学ゼミに所属し，心理学の勉強を本格的に始めました。

　3年次には，生きることの意味や心の哲学に関心があり，フランスリヨン第

三大学の哲学部に1年の交換留学をしました。その際に，意識を研究するためには，哲学的方法よりも，実証的な心理学実験や脳活動計測が私には向いていると思い，帰国後に大学院に進学して，心理学と神経科学を学ぶことを決めました。フランス滞在中は，1日3～4コマのフランス語での授業と日本語補習校で日本語の授業のアシスタントと講師をしました。

　4年次には，子どもの嘘の研究とその卒業論文の執筆と発達障害児が通う療育施設のスタッフをしていました。大学院進学のために，心理学と神経科学，英語の勉強を始めました。

　大学院では，自分の研究を進めたり，授業をしたりと，学生というよりも研究者として心理学に関わっています。オーストラリアのモナッシュ大学心理学部で，訪問研究員として，半年間研究していました。

●**入学前と入学後のギャップ**

　学部時代の横浜市立大学では，心理学部や心理学科ではなく，ゼミの1つとして心理学（発達心理学）を専攻していました。心理学の授業がほとんどなかったため，独学で心理学と神経科学を勉強しました。発達心理学や心理統計学の本や論文を読み，保育園で心理学実験を行うことができ，最低限の心理学の実験に関する経験ができたことはとてもよかったです。

　大学入学前の私は，大学の研究室には研究費が豊富にあり，自由にやりたい研究ができると思っていました。特に，心理学実験や脳活動計測は，どこでもできると思っていました。しかし，入学後に，研究室の設備や資源には限りがあることを知りました。大学院で研究を続けるためには，研究環境が少しでもよい外部の大学の研究室に進学することを勧められ，横浜市立大学から京都大学大学院に進学しました。

●**心理学を大学で学びたい人へひと言**

　私はいろんな場所でいろんなことを学びました。それらの知識や技術を総動員して，今は研究をしています。心理学は，心理学部や心理学科以外でも学ぶことができます。そして，学び始めるタイミングに遅すぎることもありません。ぜひ心理学を学びたいと思ったら，大学に入学することを待たずに，心理学の教科書や関連する一般書を読んで勉強を始めてみてください。人間や心の不思議がみなさんを待っています。

# 第10章

# 心理学を学ぶ上で必要な基礎知識とスキル

数学・英語・パソコンスキル・プログラミングなどは必要なの？

▶富田 健太◀

## 10.1　心理学は高校生にとって未知の領域

　物理学部に進学するのであれば，高校レベルの物理学の知識が事前に必要なことは容易に想像できるでしょう。また，法学部であれば，法律や時事問題の事前知識があれば，大学での勉強のスタートダッシュも切りやすいと考えられるでしょう。しかし，心理学は高校までの授業科目にはほとんど存在しないため，高校生のみなさんにとっては未知の領域が多いと思います。そこで，本章では，大学で心理学を学ぶにあたり，高校生の間や大学受験から大学入学までの間に学んでおいたほうがよいことを紹介します。

### 10.1.1　心理学部を受験するまでに，心理学の入門書を読んでおこう

　本書を読んでいるみなさんは，すでに世間一般で言われている「心を読む心理学」や「メンタリズム」のようなものは，大学で学ぶ心理学とは違うことは理解していると思います。しかし，実際にどのように違うのかを，本書以外の書籍などでさらに知っておくことは重要です。入学後に「想像していた心理学と違う，つまらない」と思ってしまっては，せっかくの大学生活がもったいないです。そこで，自学自習でも分かりやすい心理学の入門書をいくつか紹介します（ちなみに，本や論文を文献としてリストアップする場合はルールがあり，本は「著者名・発行年・書名・出版社」の順で書きます）。

　　板口 典弘・相馬 花恵(編)　(2017).　心理学入門：こころを科学する10
　　　のアプローチ（ステップアップ心理学シリーズ）.　講談社.

越智　啓太(編)　(2016)．心理学ビジュアル百科：基本から研究の最前
　　　線まで．創元社．

　いずれも，大学で学ぶ心理学の入門レベルの内容を初学者にも分かりやす
く解説しています。これらの本を読んでみて，「なんかつまらないな」と思っ
た場合は，心理学部に進学することは考え直したほうがいいかもしれませ
ん。上記の本を読んでみて，楽しいと思った人は以下の本もお勧めです。

　無藤　隆・森　敏昭・遠藤　由美・玉瀬　耕治　(2018)．心理学 (新版,
　　　New Liberal Arts Selection)．有斐閣．

　ノーレンホークセマ, S.・フレデリックソン, B. L.・ロフタス, G. R.・
　　　ルッツ, C.　内田　一成(監訳)　(2015)．ヒルガードの心理学 (第16
　　　版)．金剛出版．

　これらの本は先ほど挙げたものよりも，難易度や詳細度が上がっていま
す。これらの本を大学入学までに読む必要はありませんが，余力がある人
や，自分で詳しく勉強してみたい人にはお勧めです。

　また，最近は SNS やインターネットなどさまざまな媒体で心理学を学べ
るようになってきました。しかし，大学で学ぶ心理学とは異なる心理学を発
信しているような媒体もありますので，取捨選択には注意しましょう。

### 10.1.2　心理学検定を受検してみる

　前項では，心理学を自学自習するための書籍などを紹介しました。ただ,
本を読むだけでは知識が定着しないという人もいるでしょう。そのような人
は，心理学検定 (https://jupaken.jp/) を受検してみることをお勧めします。心理
学検定は 10 科目から構成され，合格した科目数に応じて，2 級・1 級・特 1
級が認定されます。もし，高校生の間に心理学検定に合格していれば，周り
とかなり差をつけて大学での心理学ライフをスタートすることができるで
しょう。また，心理学検定は公式の問題集なども販売されており，自学自習
でも十分に合格できます。ぜひ心理学検定を受検してみてください。

## 10.2　心理学と数学

### 10.2.1　数学が苦手でも心理学は学べる

　私は高校生の頃，数学が苦手ないわゆる文系人間でした。数学の模試で0点を取ったこともありました。そんな私が進路相談で担任の先生に「大学は心理学部に進学したい」と伝えると，「心理学部は数学を使うから，やめたほうがいい」と言われました。

　確かに，心理学では数学・統計を使います。実験を行い，データを収集し，そのデータを統計分析によって解析します。しかし，安心してください。高校までの数学のように公式を暗記したり，数式を手計算で解いたりすることはありません。専門とする分野や，研究者になりたいと考えている人であれば，ある程度は数学ができないと苦しむ場面もあるかもしれません。しかし，大学で心理学を学ぶ範囲であれば，難しい計算はパソコンがすべて行ってくれます。そのため，数学ができないからといって大きく困ることは，大学4年間ではほぼありません。むしろ，後述しますが，数学よりもパソコンができないほうが心理学を学ぶ上でつまずくことがあります。

　また，先にお話ししたように，私は高校までずっと数学が苦手で大嫌いでした。大学に入学してからも，統計の授業と聞くだけで憂うつになるほどでした。しかし，大学の心理学部で求められる数学は，高校までの数学とは大きく異なり，気がつけば数学が楽しくなっていました。高校生の頃の自分からは考えられないのですが，現在では「音楽に合わせてダンスをしている場面において，ダンスと音楽のリズムがズレたとき，どの程度，ダンスのタイミングをすぐに修正できるかの個人差」を数式で表現して，音楽・ダンスの研究をしたりもしています。おそらく，今一番びっくりしているのは，進路相談で私に「心理学部は数学を使うから，やめたほうがいい」と伝えてきた担任の先生ではないでしょうか。とにかく，人生何があるか分からないですし，大学4年間で人生の舵取りが大きく変わる人もいます。そのため，心理学部に進学したら，一度は数学や統計に挑戦してみてください。それでも，やはり数学が嫌いなら，数学は最小限にしてもちゃんと卒業できますので安心してください。

### 10.2.2　数学が好きな人はその個性を発揮しよう

　世間では「数学が苦手だから，心理学部は諦めよう」という方向に話が進むことはあっても，「数学が得意だから，心理学部に進学しよう」とはならない傾向があります。しかし，実は心理学においても，数理心理学や計算論的精神医学・臨床心理学という分野があり，その人のモチベーション次第では数学をかなり使う場合もあります。心理学で数学を使うということに，ピンと来ない人もいるかもしれません。例えば，中学校では「$y = ax + b$」という一次関数がありますが，よくある決まり文句に「一次関数を習っても社会で役に立たない」があります。しかし，心理学の世界では一次関数がかなり役に立ちます。人の行動を数式化するときには，一次関数をベースとした計算式を多用します。また，私が実際に使用しているものであれば，脳波の解析に三角関数を用います。アルファ波という言葉は聞いたことがあると思います。記録した脳波データからアルファ波を抽出するためには三角関数が重要になってきます。高校生の頃，「sin・cos・tan」という謎の呪文が授業に出てきたとき，私の脳はフリーズしました。しかし，大学で脳波の解析に三角関数が必要なことを知ると，意外に楽しく数学を学ぶことができました。そのため，数学が得意な人は心理学部でその能力を存分に使って，心理学の研究に取り組めると思います。心理学は文系と考えられることが多いので，数学が得意な人にとって心理学は，むしろ力を発揮するのに最適と言えるかもしれません。ただし，日本の大学において，数学を多用する心理学者がいる大学はまだまだ少ないです。数学を武器に心理学を勉強したい人は，志望校にどのような分野の先生がいるかを調べる必要があるでしょう。

## 10.3　心理学と英語：リーディングはできるようにしておこう

　大学生になるのですから，高校生以上の英語力が必要となるのは当たり前です。大学でも英語の授業はあります。また，就職活動で TOEIC などの英語試験を受けることが求められる場合もあります。ただし，ここでは，心理学部で心理学を勉強して卒業論文を書いて，無事に卒業することに限定をして，英語力がどの程度必要なのかをお話ししていきます。

　心理学部において，最低限必要なのはリーディング力です。研究者になり

たい人は，将来的には国際学会で英語による研究発表を行い，海外の研究者と英語でコミュニケーションを取る必要があります。そのため，大学院進学まで考えている人は，総合的な英語力が必要です。しかし，心理学部を卒業することだけに焦点を当てた場合，最低限必要なのは英語の論文を読みこなすためのリーディング力です。英語の論文と聞くと，非常に難解なイメージを持つ人もいるかもしれませんが，実際にはそこまで難しい英文ではありません。論文の多くは，中学・高校レベルの文法や構文を使ったものが中心です。心理学の専門用語が英語で書かれている点は少々難しいかもしれませんが，専門用語は頻繁に出てきますし，気がつけば専門用語は勝手に覚えています。強いて言うならば，「英語の論文は難しそう」と躊躇せずに，とりあえず読んでみる心意気ぐらいでしょうか。ただ，英語があまり得意でない場合は，英語の論文を読みこなすことに苦労を覚えるかもしれません。一概には言えませんが，目安としては，大学入学共通テストの英語を楽に読めるぐらいの英語力があれば問題ないでしょう。そのため，入学が早く決まった人は，残りの高校生活を楽しみつつ，リーディングの勉強だけでもしておくことをお勧めします。繰り返しになりますが，英語の論文は難しいものではありません。むしろ，難関大学の入試問題のほうが難解でしょう。卒業論文をみなさんが執筆するときには，過去に行われた研究（先行研究）を論文で読むことになります。このときに，日本語の論文だけでなく，英語の論文を読めるとより充実した卒業論文になると思います。

## 10.4　心理学とITスキル

### 10.4.1　パソコンスキルはどの程度必要なの？

　大学生になると，どの学部・学科でも，ある程度パソコンを使用します。人によっては，毎日，大学にパソコンを持ってくる人もいます。心理学部でのパソコンの使用頻度は，かなり上位に入るのではないでしょうか。

　まず，日々のレポートや卒業論文にワープロソフト（Microsoft Word や Google Document など）を使用します。文章作成は，そこまで高度な技術は必要ないので，ここで困る人はあまりいないでしょう。ちなみに，みなさんのなかには，パソコンではなくスマホでレポートを書きたい，という人もいるかもし

れません。私も大学生のときはスマホでレポートの一部を書いていました。ただし，心理学のレポートは単に文章を書けばいいのでなく，図や表などを載せる必要があるため，スマホだけで完結したことは一度もありませんでした。そのため，パソコンの基本操作はある程度知っておいたほうがいいでしょう。

　また，心理学部では，表計算ソフト（Microsoft Excel など）を多用します。実際に心理実験を行ってデータを収集し，結果を図や表にする作業があります。この操作に多くの人がつまずきます。この作業スピードで，レポート作成にかかる時間が，1 日以上変わってしまうことすらあります。そのため，表計算ソフトをあまり使ったことがない人は，入学までの期間に実際にいろいろ使ってみることをお勧めします。インターネット上には，動画も含めて分かりやすく無料で解説しているものがたくさんあります。

　次によく使うのがプレゼンテーションソフト（Microsoft PowerPoint など）です。大学によって多少時期などは異なりますが，3 年生以降にゼミ・研究室に配属されます（人数は数名から 10 人以上までさまざま）。ゼミによっては，毎週何らかの発表を求められることがあります。そして，その発表資料をつくるために用いるのがプレゼンテーションソフトです。この操作に慣れていないと，資料作成に非常に時間がかかります。また，慣れていけばどんどん見やすい資料が作成できるようになります。プレゼンテーションソフトの操作はそれほど難しくはないので，そこまで身構える必要はありません。プレゼンテーションソフトには，PowerPoint 以外にも，Canva や Keynote などがあります。少しずつでも操作をして慣れておき，自分の思い描いている資料を自由につくれるようになっておくとよいでしょう。

　最後に余談ですが，「心理学部では Windows と Mac のどちらがよいのか」についてお話しします。Windows と Mac では一長一短があると思いますが，個人的には「好きなほうを使えばよい」と思っています。最近では Windows と Mac の間の互換性について，それほど大きな問題はありません。どちらかといえば Windows を使う人のほうが多いでしょう。心理学の実験で使うパソコンも基本的に Windows ですが，その理由は単に心理学実験で使うソフトが Windows にしか対応していないものが多いからです。ただし，これらのソフトを個人のパソコンにインストールして使うことはほぼ

ありません。そのため，みなさんが Mac を使っていてもあまり関係ありません。個人的にお勧めなのは，大学入学前にはパソコンを買わないで，入学後に仲よくなったパソコンが得意な友だちが使っているほうを買うという戦略です。パソコンに詳しい人でも，Windows か Mac のどちらかを得意にしていることが多いと思います。そのため，友だちにパソコンを教えてもらうときには，その友だちと同じパソコンを使っていると非常に便利です。

　そして，次によくある質問が「パソコンではなく，iPad などのタブレット型ではダメなのか」です。端的に言えば，「再業効率が落ちるのでパソコンのほうがいい」となります。心理学部で必要なパソコン作業の7〜8割はタブレット型でもできるでしょう。そして，多くの大学には，学生用のパソコンが設置してありますので，残りの2〜3割の作業は大学のパソコンを使うということも考えられます。現に，私も，iPad だけでどうにか作業を完結できないか奮闘した時期もありました。ただし，どこまで頑張っても，心理学に必要な作業をタブレット型だけで完結することはできませんでした。そのため，できれば，Windows か Mac のどちらかのパソコンを購入することをお勧めします。

### 10.4.2　心理学部にプログラミングは必要なのか？

　「心理学部に数学は必要なのか」に通ずる話ですが，心理学部ではプログラミングの能力を求められることがあります。特に，研究者になることを希望していて，大学院まで進学するなら，必ずと言っていいほどプログラミングは必須スキルとなります。プログラミングというと，ゲーム作成，Web サイト作成，スマホのアプリ作成など，人によっていろいろなジャンルを想像すると思います。心理学部で求められるプログラミングは，主に統計解析のためのプログラミングと実験装置の制御のためのプログラミングです。

　統計解析のためのプログラミングには，R や Python そして Matlab といったプログラミング言語を使用します。データサイエンスやディープラーニングに通ずる技術なので，興味がある人はぜひプログラミングに挑戦してみるとよいでしょう。実際，心理学部でプログラミングを学んでシステムエンジニアやデータサイエンティストになる人もいます。

　実験装置の制御のためのプログラミングとは，モニターに刺激を提示する

ときや反応データを収集するときに必要となります。このときには，Python
を使うことが最近は多いです。プログラミングができると，卒業論文で行う
実験の自由度が格段に上がります。自分の思い描く実験刺激を，好きなよう
に被験者に提示できるのです。ただし，最近は「ノーコード」といって，プ
ログラミングのコードを書かないケースも出てきているので，パソコン嫌い
な人はそこまで気負わずにいてください。

## 10.5　おわりに

　本章では，大学で心理学を学ぶ上で必要となる基礎知識とスキルについて
お話ししてきました。まとめると，一番大事なことはパソコンへの苦手意識
をなくすことです。パソコンへの苦手意識がなくなれば，日々の授業レポー
トや卒業論文の大変さを大幅に軽減できますし，数学・統計が必要な場面で
もパソコンで簡単に計算させることができます。そのため，できるだけパソ
コンと仲よくなる努力をしてみましょう。そして，余力に応じて，心理学の
入門書を読んでおくとよいでしょう。

# コラム④

# 大学で心理学を学ぶということ

▶緒方 万里子◀

## ●心理学との出会い・進学の動機

　心理学や心理学っぽいものは，身近にあふれています。例えば，心理テスト，性格診断，自己分析，悩み相談，カウンセリングなどです。テレビ番組や雑誌，SNSにも，心理学の専門家（を名乗る人々）がよく登場します。しかし，「心理学」という単語は聞いたことがあるけど，何をする学問なのかがはっきり分からない人も多いと思います。私もその一人でした。

　あるとき，知り合いの大学の先生から「ユング」という分析心理学の祖であり，有名な精神科医の本を紹介され，心の奥深さや人間の認識の不可思議さに魅了されました。最初は，ユングの心理学を勉強するために精神科医になりたいと思ったのですが，分析心理学や精神分析以外にもたくさんの心理学の分野があることが分かり，幅広く勉強できる心理学科に進学しました。

## ●大学生活の一日

　大学１年生の頃はレポートや期末テストを乗り切るだけで精一杯で，自主的な勉強はあまりできませんでした。しかし２年生になると，私の大学では「基礎実験Ⅱ」という授業が始まり，生活が一変しました。その授業は毎週水曜日の午後にありました。実験を行って，その日のうちにグループの人と相談しながらデータを分析し，次の週までに論文に近いようなレポートを書き上げるものでした。最初はわずか１週間で論文に近い体裁に整えることで手一杯でした。しかし，周りの人たちの工夫を凝らした考察や丁寧なレポートを見て刺激を受け，気づけば毎日大学で22時過ぎまで作業をするようになっていました。レポート以外の勉強時間も確保するため，朝早く図書館に行き，１日１本は心理学の論文を読んでノートにまとめるという勉強もしていました。大学３

年生からは，大学院生が主催する勉強会やさまざまな学会に参加し，刺激を受けながら勉強できました。

### ●入学前と入学後のギャップ

　一番大きく感じたギャップは，想像以上に心理学は理系で科学的であるということです。心理学は，学問の系譜的には哲学から発展してきたものとも言えますが，現在の心理学のほとんどは哲学的な思索や理論とは異なるものです（もちろん理論の根底としてつながっているということはありえます）。心理学は実証主義ですので，データを集め，統計的な分析をすることが必要になります。そして統計的分析には，さまざまなやり方があり，数学の基本的な理解が必要になってきます。さらに，生理心理学や知覚心理学では脳や身体の基本的な理解など生物学的な知識も必要になりますし，パソコンや機材を使って実験を行う場合にはプログラミングや工学的な技術が必要になる場合もあります。

　頭のなかで考えるだけなのではなく，実証的に検討をしていくためには，さまざまな分野の知識や技術が必要であることを入学後に知り，驚きました。

### ●心理学を大学で学びたい人へひと言

　さまざまな学問のなかから，大学で「心理学」を学びたいと思うということは，少なからず人や動物の心，認識，行動というものに興味があるのだと思います。私からお伝えしたいことは2つあります。

　1つ目は，ぜひその好奇心や興味を大学でも持ち続けてほしいということです。大学での勉強は高校よりも難しいものが多く，そう簡単に理解できないし，それどころか学べば学ぶほどよく分からなくなることもあります。でもその分からないことをぜひ楽しんで探究してもらいたいです。そして2つ目は，心理学は社会に出てからもとても役立つ学問だということです。心理学では，人の心理だけではなく，人の発達や社会・教育・身体のこと，どうしたら公正なデータ分析を行えるのか，そもそもデータをどう集めてどう扱うのか，どうやって正しく情報を収集してまとめるのか，どうやって客観的な視点で考察をするのか，といった社会で生きていく上で必要な事柄を学ぶことができます。これらの技術や学んだことは，どのような職種でも役立つことですし，親になったり指導的な立場になったりといった人生の役割を進んでいく上で重要な指針になってくれると思います。

# コラム⑤

# 周辺領域からの学び

編入から心理学の道へ

▶合澤 典子◀

## ●心理学との出会い・進学の動機

　私の心理学との最初の出会いは，大学に入ってからでした。というのも，大学入学時は心理学部ではなく別の学部の大学生として生活を始めていたからです。一般教養科目のなかから心理学の授業を受講し，心理学で扱う対象のことや，人や動物の行動や思考に関する実験などを知りました。一番身近な"ヒト"の思考や行動といった目に見えないものを科学的に捉えるという学問領域に興味を持ちました。

　その後の，2年生のゼミや教職課程の授業でも，何度か心理学を扱う授業を受講し，いつもワクワクする気持ちを感じていました。こんなに気になる心理学の領域をもっと深く学びたい，という気持ちが消えなかったので，心理学専門のコースがある大学や大学院に行きたいと思うようになりました。4年生の期間には，教員免許を取得するための教育実習などもあったので大学卒業後に編入するという進路を考え始めます。心理学の教養科目を受講した程度の知識しかなかったので，編入に向けては独学で勉強することにしました。編入制度のある大学の入学試験の過去問題や，授業で使われている書籍を入手し，問題の内容や範囲をつかみ，足りない部分（特に統計部分）を重点的に勉強しました。困ったときには，友人に心理学科所属の大学生を紹介してもらい，統計を中心に相談しました。そのおかげもあって，お茶の水女子大学の心理学コースへ編入することができました。

## ●大学生活の一日

　編入後は，主に心理学領域の授業を履修しました。各学年で一番ハードな必修科目を一度に受ける必要があったため，課題の量が非常に多く，3年生のと

きはレポートや課題の実験を行うことに追われました。例えば，心理学基礎の演習ではさまざまな実験や検査を実施してレポートを作成したり，応用演習の授業では英語文献を毎週講読してレジュメ作成や発表をしたりしました。各専門領域の授業では，認知・教育・社会・教育・臨床・発達病理といった多様な心理学領域の演習や講義があり，幅広く学ぶことができたのは大きなメリットでした。

　関心のある領域以外の研究手法や理論的枠組みを学ぶことで，多様な視点を得ることにつながります。興味のある分野の周辺領域を学ぶ機会はそれほど多くないので，学部のときに興味を持って学ぶことをお勧めします。

● **入学前と入学後のギャップ**

　入学前は，心理学領域といえば悩みを持つ人へのカウンセリングという臨床心理学的な印象が強く，いわゆる"文系"に分類されると考えていました。しかし，実際に心理学を学ぶにつれて，科学的な検証によるエビデンスが必要であることや，扱う現象も心理学の領域によってさまざまであることを知りました。例えば，実験場面での行動や反応時間，質問票を用いた自己報告による数値といったデータを扱ったり，時には心拍数や皮膚電位，脳波などの生理的指標を扱ったりすることもあります。そのため，測定する現象に応じて，専門的な器具やソフトウェアを扱うスキルやデータ解析の手法を学ぶことも必要となります。加えて，心理学では目に見えない現象を扱うことが多いため，扱う現象を言葉で説明したり，他の概念との関連性や研究の目的や意義などについても論理的に説明したりする必要があります。心理学で扱う現象について知れば知るほど，それらを科学的に検証していくためには，統計解析の知識や，抽象的な概念を整理して表現する力，論理的に思考する力などが必要だと感じています。

● **心理学を大学で学びたい人へひと言**

　私は健康心理学を専門として，心身の健康の維持に関する研究をしていくなかで，幅広い知識が必要だと感じています。時には英語論文の知見を整理したり，国際的に成果を発表したりすることもあります。高校生までの国語，英語，数学，社会，理科などすべての知識が役立ちます。さらに，人の生活環境や文化に対する造詣の深さも有用です。人の行動や思考について抱いた興味や疑問を大切にして，ぜひ一緒に考えていきませんか。

# 第**11**章

# 心理学を学んだ先の進路

▶富田 健太・宮北 真生子・井上 和哉・阪口 幸駿◀

## 11.1　一般企業に就職する道　　　　　　　　　　　　　（富田 健太）

　高校生の疑問の1つは,「心理学部を卒業すると, どのような職業・進路があるのか」ではないでしょうか。私が高校生のときには「心理学部よりも経済学部や法学部のほうが就職に有利だよ」と聞いたことがあります。この噂の真偽は定かではありませんが, 確かに, 目指す企業や職種によっては, 心理学部よりも他学部のほうが有利になる場合もあると思います。しかし, 実際に私が友人などの就職活動を見ていた感覚としては, 他学部に比べて心理学部が特に有利・不利ということはありませんでした。それよりも, 学生時代の過ごし方や筆記試験など, 他の要因のほうが強く就職に影響するように思えます。また, 近年では, 一般企業において心理学の知見が重視されるようになってきました。例えば,「どのようなデザインにしたら, 消費者はより商品を購入してくれるのか」などはまさに心理学の得意分野です。さらに, 心理学部では, ある程度はパソコン上で統計解析をする必要が出てきます。数学が嫌いな人でも, パソコン上での統計解析は楽しく感じる人も一定数おり, 一般企業でデータ分析に関わる仕事に就く人もいます。つまり, 一般企業への就職に関しては, 資格が必要となるような他分野の専門職などでない限り, 心理学部に進学して困ることはほとんどなく, さまざまな種類の企業に就職しています。むしろ, 企業が近年求めている人物像にマッチするのは, 心理学部出身の人材である場合も多いように思います。

## 11.2　大学・企業の研究者になる道 （富田 健太）

　世の中でいう「科学者・研究者」になるためには，大学そして大学院に進学する必要があります。一般的には，大学が 4 年間，そして大学院修士課程が 2 年間，大学院博士課程が 3 年間となっています。

### 11.2.1　大学の研究者になる道

　大学の研究者になるまでの一般的な流れは，大学院博士課程を修了して博士号を取得し，大学などで研究員として働き，その後，助教，講師，准教授，教授といった大学教員になるというものです。もちろん，博士号を取得しないケース，実務経験を経るケースなど，研究者になるまでの流れはさまざまです。

### 11.2.2　企業の研究者になる道

　企業の研究者になるためには，もちろん例外はありますが，大学院の修士課程または博士課程を修了後，企業に就職するという進路が一般的です。企業の研究者になるという道は，一般企業に就職するのと似たような形です。ただし，大学院修士課程から企業に就職する場合は，研究と就職活動の時間配分などをうまくコントロールしないと，両立が難しくなります。一方で，博士課程に進学する場合に比べて，企業の研究者になる場合は金銭面では圧倒的に優っていると言えます。修士課程を修了して企業の研究者になれば給料が得られるため，金銭的な安定を得やすいという利点はあります。自分に合った選択をじっくり考えるとよいでしょう。

### 11.2.3　大学の研究者と企業の研究者の違い

　では，大学の研究者と企業の研究者は，どのような違いがあるのでしょうか。企業の研究者はよくも悪くも，あくまで企業の社員であるということを意識する必要があります。そのため，決まった勤務時間があるのが一般的です。一方で，大学の研究者の多くは，自分の好きな時間に研究を行える場合があり，これは大学の研究者の大きな利点の 1 つだと思います。ただ勤務時間が固定か自由かは，一長一短であり，個人の特性に大きく依存するでしょ

う。大学の研究者のなかには，自分自身で9時から17時という決まった勤務時間を設定している人もいます。

　そして，研究できる内容も大学と企業では大きく変わる場合があります。例外はありますが，企業の場合は利益を出す研究が優先されます。一方の大学では，100年後に何かの役に立つかもしれないような研究に取り組んでいる研究者もいます。みなさん個人個人がどのような研究に取り組みたいかによって，最適な選択は変わっていくでしょう。


## 11.3　地方公務員の心理職になる道　　　　　　　（宮北　真生子）

### 11.3.1　大学入学から児童心理司になるまで

　私はいま，横浜市の児童相談所で児童心理司として働いています。みなさんのなかには，将来の目標に向かって努力している人も，まったく将来の想像がつかず悩んでいる人もいると思います。振り返ると私は後者で，大きな不安を感じながら手探りで進んできたように思います。ここでは，地方公務員の心理職の　例として，私が児童心理司を志望するきっかけとなった経験と，児童心理司の業務について紹介します。


### 11.3.2　児童心理司を志望するきっかけ

　私が児童心理司を志望するきっかけとなったのは，大学4年間のサークル活動でした。

　入学後にさまざまなサークルの勧誘があるなかで，児童養護施設に通って学習指導をしているサークルを知りました。それまでは児童養護施設の存在すら知りませんでしたが，何となく，「もしかしたら将来子どもに関わる仕事をする可能性もあるのかもしれない」と思い，先輩が面白い人たちだったこともあり，入会しました。児童養護施設では，毎週来る近所のお兄さん・お姉さんのような存在として，担当になったお子さんを中心に勉強したり雑談したりして過ごしていました。また，授業参観などの学校行事や施設の行事に参加したり，職員の人たちと定期的にカンファレンスを行ったりと，子どもや施設と深く関わることができました。

　子どもと関わることは単純に楽しかったものの，活動を通して，子ども

（児童養護施設で暮らしている子どもに限りませんが）は，生活上のさまざまなことについて，大人以上に環境に大きく左右されてしまうことを感じました。一方で，学習指導は苦戦することもありましたが，担当のお子さんのためであれば多少つらくても何とか頑張っていけそうだ，という実感も得られました。そうして次第に，学習指導の他にもっと何かできないかという気持ちが生じ，大学で学んでいる心理学の知識や技術を生かして子どもの支援に携わりたいと思うようになりました。

### 11.3.3　横浜市の心理職に就くまで

　子どもの支援をする心理職という進路をぼんやりと考えつつも，児童心理司という目標を掲げてまっすぐに進んだわけではありませんでした。大学院への進学は 3 年生の秋というギリギリの時期に決め，卒業論文・修士論文も他のテーマにしたため，回り道をしたように思います。しかし，大学院での学びを経て改めて進路を考えたときに，「子ども自身の支援だけではなく，子どもを育てる親御さんの支援もしたい」と思い，親子の支援ができる児童心理司を志望するに至りました。そして公務員試験を受験し，ご縁があって横浜市の心理職として働けることになりました。

### 11.3.4　児童心理司の業務について

　児童相談所では，児童福祉司，保育士，保健師，医師，弁護士などさまざまな職種の人々が連携して働いています。児童心理司もそのなかの一人です。児童心理司は，心理検査や面接，行動観察などを行って，子どもの特徴や家族関係を理解し，児童相談所としての援助方針の決定に関わります。また，必要に応じて子どもの状態に合わせた支援を組み立て，治療的な関わりを行っています。さらに，関係機関ともカンファレンスをして情報共有するなど連携して支援を行っています。支援の内容は，虐待への対応だけではなく，里親の支援や障害のある子どもとその家族への支援など，幅広く子どもと子育てに関する相談に対応しています。

### 11.3.5　児童心理司として働いて

　現在私は，児童心理司として 3 年目になりました。これまでに携わった業

務としては，療育手帳（知的障害のある子どもが行政サービス利用のために取得できる手帳）の判定と，虐待が生じた家庭や特別な事情により養育が難しい家庭への支援などです。

　支援をするにあたっては，基本的なことですが，子どもに「安心してもらうこと」を心がけています。面接室を安全で落ち着いた環境に整えることに始まり，心理検査や面接の前には目的などを分かりやすい言葉で説明したり，気持ちを話してくれたときは「話してくれてありがとう」と伝えたりと，さまざまな面で子どもが安心感を持てるように配慮しています。そうすることで，子どもとよい関係を築くことができ，適切な判定や支援にもつながるようになると思います。

　日頃の業務では，分からないこと・できないことが多く，自分の力不足を痛感してばかりです。ただし，上司や先輩に相談しやすい環境で，たくさんアドバイスをいただいています。また，業務として受けることのできる研修も豊富で，自分のレベルに合った内容を段階的に習得できることもありがたく思います。そうして学びを積み重ね，知識や技術を磨いていけることは，苦労する反面，この仕事の面白さだと感じています。日々子どもやその家族と接するなかでも，児童心理司として，人として，学ぶことがたくさんあります。学んだことを身につけ，少しでもできることを増やし，よりいっそう子どもやその家族の役に立てるようになりたいと思います。

## 11.4　心理の支援者と研究者を両立する道　　（井上 和哉）

### 11.4.1　臨床行動分析の心理職および研究者としての道

　私は臨床心理士と公認心理師という心理職に関する資格を持っています。うつ病や不安症など，心の悩みを抱えた人のカウンセリングを心療内科や大学の相談室で行ってきました。現在は立命館大学の助教として，公認心理師の育成に携わっています。公認心理師とは，2017年に誕生した心理職の国家資格です。研究面では，野球の送球イップス（ボールを思うとおりに投げることができない，暴投してしまうことなど）の支援プログラムの開発を進めています。

### 11.4.2　臨床心理士を志したきっかけ

　高校 1 年のとき，あることがきっかけで，次第にバスや電車に乗っていること，映画館で座席に長時間座っていることが難しくなってしまいました。試験をまともに受けられないときもありました。今から考えると，広場恐怖症というものだったと思います。一度だけ，保健室の先生に勧められて小さな心療内科を訪れました。その帰り際に，待合室にいる人の多さに驚き，まだ自分も治っていないのに「将来はこのように悩みを抱えている人の役に立ちたい。これはそういうきっかけかもしれない」と思ったことが臨床心理士を志したきっかけです。この時点で，少し変わった人であったことは間違いないと思います。幸いにも自分は，不安な場面を回避するのではなく，むしろ挑むことを繰り返し，症状自体は 3 か月程度で治っていきました。

### 11.4.3　大学受験から博士号を取得するまで

　大学は広島国際大学心理科学部に進みました。当時，臨床心理士の養成に力を入れている大学ということで選びました。大学からは弓道部に所属することになり，4 年間，弓道漬けの日々を過ごしました。長いときは一日 13 時間くらい弓道場にいました。大学の 4 年間で三段まで取得したので，かなりの時間を弓道に費やしていたと思います。その結果，集中力やマインドフルネス（今，この瞬間に集中したり，自らの考えを俯瞰して見ていられたりする態度）と言われるものが身についたように思います。そして，勉強に集中できる時間も延びていきました。また，弓道を通して尊敬する先輩に出会うことができ，夢を追うことや，遊ぶことの大切さについて学び，その経験がその後の人生にも大きな影響を与えました。

　卒業論文では，人から変に思われたらどうしようなど，他者からの否定的な評価を恐れる社交不安症が研究テーマとなりました。研究結果としては，注目や賞賛をされたい人ほど，社交不安が高いという結果でした。ちょっと皮肉的な結果が面白いと思いました。そして，社交不安の研究者がいる徳島大学大学院総合科学教育部臨床心理学専攻に進学しました。そこで心理療法の一種であるアクセプタンス＆コミットメント・セラピー（Acceptance and Commitment Therapy: ACT）や行動分析学，臨床行動分析という学問を学びました。

### 11.4.4　ACT との出会いと研究者の道

　多くの心理療法が不安や苦痛の低減を目指すなかで，ACT は不安や苦痛をなくそうとするのではなく，むしろあるがままに受け入れ，うまく付き合いながら，人生で行いたい活動を増やしていくといった心理療法です。一般的な感覚と真逆のスタンスにとても興味を持ちました。興味がある人は，『セラピストが 10 代のあなたにすすめる ACT ワークブック』（Ciarrochi et al., 2012）を読んでみてください。

　そして，心理学の学会に参加するなかで，発表を行う研究者の姿に憧れを持ち，研究者の道を志しました。ACT の治療効果の検証や，ACT の普及に携わりたいという思いが強くなり，早稲田大学大学院人間科学研究科博士後期課程に進学し，5 年かけて博士号を取得しました。サポートしてくれた指導教員や先生方，仲間，両親にはとても感謝しています。

### 11.4.5　行動分析学や臨床行動分析を学んでよかったこと

　世界を見る新たなレンズを手に入れたことです。人は何か問題があると，その人の性格や家庭環境など，憶測によるもので説明をしようとすることが多いと思います。一方で，行動分析学や臨床行動分析の観点からは，目に見える客観的な事実をもとに，問題が起こる場面や，問題が維持している原因を整理していきます。そして，人間の行動を予測したり，解決策を見いだしたりします。新たなレンズは，カウンセリングではもちろんのこと，自分自身が日々を生きることにもよい気づきをもたらしてくれています。もし，関心がある人は，『臨床行動分析の ABC』（Ramnerö & Törneke, 2008）を読んでみてください。

### 11.4.6　おわりに

　人生を生きていると良いことと悪いことの両方を体験します。向き合い方次第で意味のあるものに変わることもあります。勉学だけではなく，部活動や遊び，さまざまな体験を大切にしながら，日々を楽しんでほしいと思います。

## 11.5　研究職を経て，国家公務員へ進む道 （阪口　幸駿）

　大学院生として，あるいはその先の研究者として日々の研究生活を過ごすなかで，ふと疲れたなと感じるときや，もっと社会や人に貢献してみたいと思う場面も出てくるかもしれません。そんなときに考えられうる選択肢の1つとして，文部科学省をはじめとした国家公務員へチャレンジする道を，提案したいと思います。

### 11.5.1　研究職での悩み

　先に少しだけ私自身のキャリア選択の経緯について，お話しします。私は大学院では心理系の指導教員のもとで心理・神経科学系の研究を行い，博士号を取得しました。そしてそのままアカデミアの世界で特任助教の職を得て，2年の任期の間，大学で講義と研究に従事しました。

　大学院生時代には朝から晩までバリバリと実験を行って論文をドンドンと出していく実験屋だったのですが，次第に，この実験は他の人でもできるのではないか，果たして自分じゃなきゃいけないのだろうか，とモヤモヤ自問自答して悩むようになりました。そのような時期に，言語学や哲学など人文系の幅広い学問に接する機会があり，その影響もあって，自分が本当は実験屋ではなく理論屋のほうが向いているのではないか，と思い至るようになりました。

　さまざまな学問分野をまたいだたくさんの知見を総動員して整理して，頭のなかでじっくり考えて，自分でなければ考えつかないような奇抜なアイデアを構築することは，私にとってとても楽しいものでした。ただ，わがままなことに私には，もう1つモヤモヤとするところがありました。それは，何かをじっくりと考えることと同時に，何か社会のためや人のためにしたいという欲求の高まりでした。私は昔から虐待や精神疾患などに興味があり，大学院ではこれらの脳のメカニズムについて研究もしていましたが，実際に実務の形で世の中の誰かを救うことはまったくできていませんでした。大学で学生を育てることも社会貢献の1つとしてやりがいは感じていたのですが，できれば今この瞬間に，本人の力ではどうにもならない苦境に立たされていて困っているような人に，寄り添う貢献がしたいと考えていました。

### 11.5.2　国家公務員（文部科学省）を知る

　こういった背景のなか，キャリアパスについて延々とネットサーフィンをして何かよい道はないものかと探していたとき，最初に目に留まったのはリサーチ・アドミニストレーター（University Research Administrator: URA）でした。URA は大学などでの研究をサポートする職員であり，多くの民間企業ではあまり博士が評価されない現状に対して，URA は博士号必須の募集であり，さらに研究者のために貢献できるということで，重要な選択肢として考えていました。実際に面談のお声がけをいただいた大学もあったのですが，自分が URA として勤めることになる大学の研究費獲得や研究推進を頑張って向上させたとしても，逆にその割を食う他の大学もあるのではないかと感じてしまい，ここに煮え切らない思いがありました。

　そこで，できれば日本の大学全体を考えられる職はないものかと考えているうち，自然と文部科学省という選択肢が浮かび上がってきました。文部科学省であれば全国の研究や教育を対象とすることができ，また，不登校や特別支援教育の課題において先の虐待や精神面での私の関心を満たすことができるかもしれないと思い，さっそく入省のためのプロセスを調べてみることにしました。

### 11.5.3　国家公務員になる

　文部科学省をはじめとした国家公務員となるためには，まず国家公務員試験を受験して合格しなければなりません。受験には年齢制限がありますが，当時ギリギリ制限内であったこと，また，受験区分として院卒で人間科学区分（心理，教育，福祉など）があったことは，私にとって非常に幸運でした。私はもともとは生物系学部の出身であったので，学部時代の知識をすっかり忘れてしまっていて，まったく太刀打ちできないところでした。とはいえ心理学もすべて独学であること，さらに専門試験の過去問もあまり市場に出回っていないことから，対策不足を心配していました。しかし記述試験では運よく自分になじみの深い実験に関する問題が出されて回答しやすく，また，政策討議課題でもふだんの研究で培ってきた議論のノウハウが生かされたのかスムーズに討議することができ，高い順位で合格ができました。

### 11.5.4　受験の心得

　私が考える国家公務員試験のお勧めポイントは2つあります。1つは院卒区分であれば実質倍率はそれほど高くないこと（2倍台）。また，一度合格すれば最近では官庁訪問（個別の省庁での面接）の有効期限が5年間もあるため，就職活動の年だけでなく，修士課程や博士課程の在学中で都合のよい年度にとりあえず先に受けてみる，という戦略が取れる点になります。最終的には合格後の官庁訪問にて各省庁での内定を得る必要があるため，合格＝採用ではないのですが，大学院修了後に職のアテがなかったり，もしくは就職した先の企業で相性が悪くて転職を考えたりする場合に選択肢を残しておけるという意味で，かなり有効なのではないかと思います。そして官庁訪問では，心理学専攻の人が主に受験すると思われる人間科学区分では，以下で紹介する文部科学省の他に法務省の矯正局や保護局，厚生労働省の職業安定局，人事院や内閣府などいくつかの省庁へ挑戦することができ（最新の情報は人事院のサイトで確認してください），心理学を生かした幅広いジャンルに従事することができます。

　文部科学省での官庁訪問についてですが，文部科学省では事務系と技術系の2つの採用ルートがあります（業務対象が異なるだけで，事務系・技術系いずれも事務職）。事務系では主に教育・スポーツ・文化に関して，技術系では主に科学技術や研究，高等教育に関して扱うこととなり，受験区分ではおおまかに分けて主に文系区分が事務系，理系区分が技術系となります。これまでは人間科学区分からは事務系しか訪問できなかったのですが，2022年度からは技術系にも訪問できるようになりました（実は私は21年度には事務系を訪問して不採用，22年度に技術系を訪問して採用されました）。

　大学院生支援，心理学・教育学を含めた研究支援などに興味があれば，技術系での採用は大変面白いと思います。また現在，政府主導で国家公務員への博士人材の登用の機運が高まっており，博士課程修了者にとって給与アップや待遇向上が期待されています。技術系では特にその傾向が強く，実際に博士課程修了者の数も多く，おそらくどの省庁よりも働きやすい職場になっています。修士卒で採用され，入省後に博士号を取得する人もいるので，業務外で少しずつ研究を続けることも可能かもしれません。最後に省内の雰囲気としては，事務系・技術系ともに女性率も高く（新規採用者4割以上），みなさ

ん和気あいあいとしているところが印象的です。

## 11.5.5　キャリアパスの1つとして

　以上，私が文部科学省を選ぶに至った経緯と，国家公務員試験や官庁訪問のプロセスについて紹介しました。大学院（修士・博士）やその後の研究職まで人生を歩んできてしまうと，そこからアカデミア外へ道を踏み出そうとしたときのハードルは，まだまだかなり高いものがあると思います。そんななかで国家公務員という職は，意外と盲点だったりするのではないでしょうか。この職は，研究の世界にのめり込んで少しばかり多く年を重ねてしまったような心理学徒にも，平等に門戸を開いてくれています。積極的にアプローチしてもよい選択肢だと思います。文部科学省ではオンラインでの職場訪問（面談）を常時受け付けています。少しでも興味がありましたら，お気軽にお問い合わせください。きっとあなたの人生にとって，有意義な一歩となると信じています。

### ▌引用文献▐

Ciarrochi, J. V., Hayes, L., & Bailey, A. (2012). *Get Out of Your Mind and into Your Life for Teens: A Guide for Living an Extraordinary Life*. New Harbinger Publications.〔チャロッキ，J. V.・ヘイズ，L.・ベイリー，A.　武藤　崇（監修）　大月　友・石津　憲一郎・下田　芳幸（監訳）　(2016). セラピストが10代のあなたにすすめるACTワークブック：悩める人がイキイキ生きるための自分のトリセツ. 星和書店.〕

Ramnerö, J., & Törneke, N. (2008). *The ABCs of Human Behavior: Behavioral Principles for the Practicing Clinician*. New Harbinger Publications.〔ランメロ，J.・トールネケ，N.　松見　淳子（監修）　武藤　崇・米山　直樹（監訳）　(2009). 臨床行動分析のABC. 日本評論社.〕

# 第**12**章

# 公認心理師を目指す大学院生活

▶町田 規憲・杉本 光・青木 結◀

本章は，2023年3月30日にオンライン上で行われた対談を，一部再構成したものです。公認心理師を目指して学んでいる青木（学部4年）と杉本（修士課程1年）への，町田（博士後期課程）によるインタビューを通して，学生生活の一例について紹介します（学年は対談当時のもの）。

## 12.1　対談の趣旨説明

町田：今回は大学院や学部での生活などについてお聞きしたいと思います。学生の立場から，現在の公認心理師カリキュラムを受ける前に期待してたこと，あるいは不安だったことはあるでしょうか。

青木：入学前は，実際のカウンセリングのスキルや，具体的にどういうことをしていくのかを直接的に教えていただけることを期待していました。公認心理師の受験資格を得るためには，いろんな授業を受け，しかも最後の演習や実習は定員があることを入学してから知ったので，これは大変になりそうだなというところがちょっと不安でした。

町田：実際に授業を受けてみてどうでしたか。

青木：具体的な知識というよりは基礎的な考え方を最初にしっかり学んでいくのは大切だなと思いました。一番ギャップを受けたのが，心理と発達に関するところがつながってるということです。やっぱり心理って発達の面がすごく重要なんだなっていうことに気づかされました。

町田：入学後，演習などに定員があることで不安だったということですが，

そのために頑張った点や，もっと早く知っていたらこういう準備をしてたかもなど，今になって思うことはありますか。

青木：公認心理師の履修って複雑だと思うんですけど，そこを落としたり遅れを取らないように何回も確認すること，万が一希望する授業が抽選で，外れた場合でも，大学事務の方に相談したりしていました。自分のできることはすべてやって，授業をしっかり受けていたら入れたという感じです。自分は無理かなって思う人がいるかもしれないけど，しっかりやっていけば大丈夫だと思います。（公認心理師を目指して大学への進学を考えている人も）そんなに心配せずに頑張っていただけたらなと思います。

町田：公認心理師のカリキュラムでは，1個でも漏らしたら駄目みたいな科目があったりするので，すごい大変だったのではないかなと思います。ちなみに，公認心理師を目指すにあたって，大学選びをするときに，その大学の内容や特色については，どのように調べましたか。

青木：私は高校時代の専攻が理系でした。理系から心理に進むとなると，文系より枠が狭くなるというか，受け入れてくれる学校がそもそも少なくなるので，まずそこで絞りました。そのなかで，どんな先生がいるのかを調べました。入学する前までは，建築というか環境と心理状態みたいなものに興味があって，それで入学した学科がとてもいいなって思いました。あと，入試方法も特殊で，それが面白そうでぜひ挑戦してみたい，というところもありました。

町田：さっきの話で，青木さんは演習や実習の定員に入れたとのことですが，人数の枠があるなかで，他の人たちはどうしていったのでしょうか。

青木：それぞれが進路を考えていくにつれ，ほんとに心理職になりたい人が残っていって，最終的な定員に収まったというイメージが強いです。

町田：杉本さんは大学院生になって，周りの人たちにはどのような人が多いと感じていますか。

杉本：真面目さはもちろんあるんですが，それよりも，支援が必要な人がいて，そういう人を支援したいっていう気持ちが根底にある人たちなんだと感じました。そのためか，勉強に対するある程度の熱心さは共通しています。ただ，よく性格として語られるような，明るさや真面目さという面では多様性があると思います。人と話していたり面接の練習をした

りするなかで，「自分のスタイルとは全然違うな」という人はたくさんいると感じています。

**町田**：1年間修士課程をやってきて，残り1年という立場の杉本さんからすると，修士課程に上がる前に期待してたこととか，不安だったことなどは何かありましたか。

**杉本**：いろいろな先生方とより距離が近くなって，お話を伺える機会が増えるということは期待としてありました。学部生のときは，心理に興味があるっていう漠然とした人たちが周りに多かったと思いますが，大学院に進学すると，臨床心理への興味は根底にありつつも，いろいろな背景を持った人と出会えるのがすごい楽しみでした。実習指導者にも他の職種の人もたくさんいらっしゃいます。また，実習が始まることによって，座学で学んできたことを応用する機会が出てきます。学部と比較して，大学院では心理から一歩踏み込んで，かつ，その一歩踏み込んだ世界で幅広い体験をしていくんだなってことが期待としてありました。不安だったことは，大学院生活のなかで，臨床とか授業とか研究を，どうやりくりしていくのか，ついていけるのか，という点でした。

**町田**：なるほど。実際に1年間を過ごしてみてどうでしたか。

**杉本**：毎週毎週すごい学びがあるというのが実感です。大学院では特にディスカッションの授業とかが増えてきました。また，授業内での先生からの質問がとても難しいときがあります。そのときは1週間ぐらいずっと研究室内で考えているような状態でした。こういった先生方の提示や質問にはさまざまな視点が提供されていて，最初のうちは必死に適応しようと思ってすごい大変でした。しかし，こうしたことが2年間ずっと続くこと，そして臨床の現場に出てからもスーパービジョンを受ける際などで自分の意識してないところから視点が切り込まれていくことについて，覚悟が決まったと思います。

## 12.2　大学・大学院生活での工夫

**町田**：「公認心理師を目指す大学院生はすごく忙しい」「資格の取得があるからすごく大変」みたいに言われることもありますが，実際にカリキュラ

ムを過ごしてみて，忙しいなかでもメリハリをつけて生活していくために工夫していた点はありますか。

**青木**：個人的にマルチタスクというか，サークルも勉強もアルバイトもやって，というのは最初から無理だろうなと思っていました。だから，サークルには入らず，勉強と空いてる時間にアルバイトをするという感じで，自分ができると思う範囲に絞って頑張ったのはよかったかなと思います。1，2年生のときはとっても忙しかったですし，2年生からコロナ禍でオンライン授業になったこともあって，さらに大変でした。最初のうちにいっぱい授業を受けて単位を取っておくと，3，4年生でかなり余裕が出ます。卒論も授業に時間を割かれずに集中してできましたし，4年生の最後のほうは授業がないからアルバイトをしたり，友だちと遊んだりもできたので，最初に頑張っておけば後半のゆとりにつながると個人的には思っています。

**町田**：最初に頑張って，後に余裕をつくっておけば，忙しいながらも楽しい生活もできたということですね。他にも日々の生活とかで気をつけていたことなどはありましたか。

**青木**：授業に寝坊しないことです。あとは課題を出し忘れないとか，勉強に関するところが多いですかね。授業第一っていう心持ちで，授業は絶対に出る，課題は絶対に出すみたいなことは考えて生活してました。

**町田**：青木さんは，結構ストイックに頑張っていたんですね。杉本さんはいかがですか。

**杉本**：毎週一定のタスクがあるので，これはいつするっていうのをある程度ルーティン化したり，予定に見通しを立てたりすることがコツかなと思いました。学部ではその場その場でいろいろやっていましたが，そのやり方だと大学院では目の前のタスクがあふれてしまうことに気づきました。1週間・2週間単位のスケジュールをしっかり立てていました。また，調子のよし悪しってあると思うんですけど，体調だけでなく精神状態のよし悪しにも気をつけてました。気分が落ち込んだようなときは，そのことをしっかり周りと共有して休むことができているように思います。周りに協力を要請して，周りの協力を受け入れて，みんなで一定の安定した生活をしていくような感じです。そういう過ごし方が忙しさを

乗り越えるコツのように思います。

町田：ありがとうございます。私自身の経験だったり，周囲の学生を見ていたりしても，同期とか先輩・後輩はほんとに仲間という感じですよね。やはり一人では限界があるから，それをみんなで協力して乗り越えていく。そういったことで結構頑張れているところがあるっていうことですね。そんななかで，特に実際のクライエントと関わるようになると，自分のメンタルケアってすごく難しいと感じるところのように思います。何か個人的にしている工夫とかはありますか。

青木：協力関係というと，ゼミの存在かなと思います。ティーチングアシスタントをしているのですが，それも 2～3 人一組とかでするので，用事があって行けない日は代わってもらうなどして調整しています。逆に，相手が大変そうだったら交代したりするなど，忙しさや体調面の調整もできます。あと，提出物などやらなきゃいけないことは学部でも結構あり，これでいいのかなとか一人で悩むとなおさら精神的に追い込まれやすいと思います。そのときは，同じ授業を受けてる人に聞いてみて，共感を得ることで不安が落ち着いたり，安心感が得られました。情報共有も大事です。

町田：そのあたりは，コロナ禍があったから，他の代よりも余計に大変だったように思います。杉本さんはどうですか。

杉本：自分の弱さを他人と共有しておくことが多かったように思います。自分だけではなく，お互いが弱点をさらけ出していくっていうのが，メンタルを含め，環境を保つ上での工夫になったと思います。弱いところが出てしまった場合でも，いったんその環境から離れて，また復活したら戻れるような環境を整えておくことが大事なように思います。それと，青木さんがおっしゃったとおり，学年全体が運命共同体みたいな形で，どうしても難しいところは一緒にやろうといった感じで動いていきました。それでも難しい場合は，一人で休むことができるようになるのが大事なように思います。休むことに申し訳なさがあるという人もいると思うので，休んでもいいんだっていう，休みへのハードルをどんどん下げていったことも，自分や他の人のメンタルを保つ上で大切だったと思います。

**町田**：学部と修士で，頑張る内容は違うかもしれないけど，工夫していることは近いところがあるんですね。そういう助け合いとか，仲間とのコミュニケーションとかは，公認心理師として働く上でも結構大事なところだと思います。多職種連携なども考えると，コミュニケーションなどがあまり得意じゃない場合は，職場でも予期せぬ難しさが生じるかもしれませんね。

**町田**：ところで，大学以外での活動として，アルバイトなどはされていますか。また，それが公認心理師を目指す上で影響を与えていると思うことなどはありますか。

**青木**：私は販売系のアルバイトをしています。そこで身についたことは，初対面の人に急に話しかけることができるようになったことですかね。知らない人から話しかけられても，すぐにしゃべることができるぐらいコミュニケーション能力は上がったので，学校以外のアルバイトっていう社会経験も大事だなって思いました。

**町田**：なるほど。就職後，実際にクライエントと話すときに，自分と相手の社会的背景がまったく違うことも当然あります。どんなに経験を積んでも完全な準備は難しいのですが，話題などの引き出しが多い人の臨床を見ていると，さまざまな経験をしておくことは改めて大事だなって思いますね。そういったところで，アルバイト経験も生きてくるかもしれませんね。

## 12.3　進学や公認心理師を目指すことを悩んでいる人たちへ

**町田**：最後に，これから学部・修士課程への進学を考える人，今考えて勉強中の人，公認心理師になるかどうかも含めて進路に悩んでいる人に向けて，ひと言ずつメッセージをお願いします。

**青木**：心理に興味があるなら，学部に入って勉強すれば，公認心理師にならなかったとしても，さまざまな仕事でその知識は生かせると思います。卒業後の進路も大事ですが，自分の学びたいことが学べるところに行くのがいいのではないかと思います。

**杉本**：心理学の特色上，いろんなところが，今後生活する上でつながってい

くと思います。心理学の専門だけではなくて，心理学を日常に落とし込んでいくという考えのもとで勉強していくのも面白いと思います。

町田：公認心理師になろうと考えてる人や公認心理師に関心がある人に向けてのお話ということで，今日は対談させていただきました。この内容が少しでも多くの人のお役に立てればと思います。みなさんありがとうございました。

# コラム⑥

# 心理学へのイメージと大学で学ぶ心理学

▶稲吉 玲美◀

### ●「カウンセラー」への興味から，心理学の道へ

　私が大学で心理学を学ぼうと思った理由は，高校生のときに「カウンセラー」に興味を持ったからです。高校の同級生はとても優秀で，自立している人たちばかりでしたが，なかには思い悩んで体調を崩したり，学校に来られなくなったりする人もいました。私は，心の外側で起きる出来事の解決方法と心の内側の問題への対処方法は異なるものなのだ，と思いました。そして，心の問題について支援する「カウンセラー」になりたいと思うようになりました。当時はまだ公認心理師という心理職の国家資格はなく，「カウンセラー」になるには，大学院を出て臨床心理士という資格を取る必要があることを調べ，自分の将来像が，漠然とした「カウンセラー」というイメージから，臨床心理士という具体的な職業へと定まりました。

### ●学問としての「心理学」への戸惑い

　私が高校生の頃は，大学から新しく学べる学問として「心理学」は人気がありました。しかし，心の悩みを解決する方法を知りたくて心理学の道に進んだ私にとって，大学で学ぶ心理学はイメージとかなり異なるものでした。公認心理師に対応したカリキュラムの前だったので，特に学部1〜2年生ではカウンセリングや心理療法を学ぶ機会は本当に少なかったです。目や耳の構造，脳神経のことを学ぶ授業や，研究法や統計学などの授業もあります。高校の生物や数学に近い内容で，文系科目が好きだった私はややたじろいでしまいました。

　また，心理学という学問の幅広さにも驚きました。私の大学では，教養学部，文学部，教育学部など複数の学部に「〇〇心理学」という名前のコースがたくさんあり，一方で「心理学」と標榜していなくても人の心を扱う領域もあ

り，何となくつかみどころのないものだな，と思っていました。

● **学問を「応用」するとは**

　大学3年生になると，臨床心理士の資格を持った先生から「臨床心理学」を学ぶ授業も増えてきました。それまで臨床心理士になるために何の役に立つのか分からなかった「心理学」全般の学びが，実際に支援の対象になる生身の人をより理解しようとしたときに重要な視点を与えてくれるものだとようやく気づきました。例えば，目や耳の構造や脳神経について知っておくことは，人間の知覚・情報処理のメカニズムを理解することにつながり，支援の対象者が自分に起きていることをどのように捉え，反応しているのかを理解するための前提知識となります。また，社会心理学で学ぶ集団心理や教育心理学で学ぶ学習プロセスなどは，例えば学校場面で困っている子どもを理解する際に役立つ視点です。臨床心理学は応用心理学と言われますが，基礎心理学の知見を土台に，他の応用心理学の知見からも影響を受けながら発展しています。そうして得られた知見が実際に人の役に立っている，という様子を目の当たりにしたときに，私のなかでそれまで点として学んできたことが線になってつながり，形をなしていくような感覚がありました。そこでやっと，本当に「心理学って面白い！」と思えたような気がします。

● **人の心を助けるための方法を「科学的に」示すということ**

　大学4年生では，卒業論文を執筆します。自分で問いを立て，それを明らかにするための計画を立て，得られたデータから結論を導き出す，という一連の研究活動を行います。目に見えない人の心を理解するための知見を「科学的に」，つまり根拠を持って示していくためには，研究法や統計学が重要であるということをこのプロセスで実感しました。そして，この活動の面白さにすっかり魅了され，今では研究者としての道を進んでいます。

● **おわりに**

　私が高校生の頃に抱いた「心の内側の問題はどのように解決するのか」という疑問は，大学4年間をかけてやっとその大枠を捉えることができました。カウンセラーになりたいという志を持って心理学の世界に入ろうとする人は，私のようにギャップや捉えどころのなさに戸惑うかもしれません。そうした人にとって，このコラムが少しでも役に立てたらうれしいです。

# 第**13**章

# 心理学を学んだ人が就く仕事

### 教育・福祉の現場を中心に

▶瀧澤 颯大◀

## 13.1　心理学を学んだ後はどうする？

　心理学を学んだ後は，どのような仕事に就くのでしょうか。本章では，心理学を「人間を理解する1つの手段（学問）」と定義して，心理学を学んだ人がどのような仕事に就いているかを私の経験を中心に紹介していきます。資格や仕事の詳細を知ることができる QR コード（2024年1月時点の情報）もつけていますので，ぜひご覧ください。

### 13.1.1　心理学を生かした資格

　心理職に関係する国家資格は，2018年に第1回国家試験が行われた「公認心理師」のみとなります。それ以外はすべて民間の資格です。民間資格のなかでも，臨床心理士を知っているという人は多いと思います。臨床心理士以外にも，心理職に関連した民間資格はたくさんあります。国家資格と民間資格の違いは，国が「国民の暮らしを支えるために必要な知識や技能を習得した人ですよ」という認定をしてくれているかどうかになります。民間資格であれば，誰でもつくることが可能です。しかし，仮に独自の資格をつくったとして，その資格の社会的信用性はどうなるでしょうか。資格は，社会から信頼されるものであり，さらにその資格を有する人の活動が人々の暮らしに適切な形で還元されなくてはなりません。前置きが長くなりましたが，ここでは，心理学部や心理学科に入学した学生が取得する可能性が高い資格について，私が保有している資格を中心に紹介したいと思います。

## (1) 公認心理師

公認心理師法という法律に規定されている心理職で唯一の国家資格です（2024年1月現在）。公認心理師資格を取得するためには，大学で心理学に関する必要な 25 科目を履修し，さらに大学院で 10 科目を履修して修了するかプログラム施設での 2 年以上の実務経験を経た上で，国家試験に合格する必要があります（表13.1）。多くの国家資格は大学卒業（主に 4 年間）で国家試験の受験資格などを得ることができますが，公認心理師はそこに至るまで最短でも 6 年を要することになります。

**表13.1**
公認心理師カリキュラム

| 大学 | 大学院 |
|---|---|
| ・公認心理師の職責<br>・心理学概論<br>・臨床心理学概論<br>・心理学研究法<br>・心理学統計法<br>・心理学実験<br>・知覚・認知心理学<br>・学習・言語心理学<br>・感情・人格心理学<br>・神経・生理心理学<br>・社会・集団・家族心理学<br>・発達心理学<br>・障害者・障害児心理学<br>・心理的アセスメント<br>・心理学的支援法<br>・健康・医療心理学<br>・福祉心理学<br>・教育・学校心理学<br>・司法・犯罪心理学<br>・産業・組織心理学<br>・人体の構造と機能及び疾病<br>・精神疾患とその治療<br>・関係行政論<br>・心理演習<br>・心理実習 | ・保健医療分野に関する理論と支援の展開<br>・福祉分野に関する理論と支援の展開<br>・教育分野に関する理論と支援の展開<br>・司法・犯罪分野に関する理論と支援の展開<br>・産業・労働分野に関する理論と支援の展開<br>・心理的アセスメントに関する理論と実践<br>・心理支援に関する理論と実践<br>・家族関係・集団・地域社会における心理支援に関する理論と実践<br>・心の健康教育に関する理論と実践<br>・心理実践実習<br><br>※大学院で 2 年間学ぶ代わりに文部科学省・厚生労働省が認定するプログラム施設において 2 年以上の実務経験を積む方法もあります。 |

出典）厚生労働省（n.d.）のホームページを参考に著者作成

## (2) 臨床心理士

1988年に誕生しました。日本臨床心理士資格認定協会のサイトでは，次のように紹介されています。

> 「『臨床心理士』とは，臨床心理学にもとづく知識や技術を用いて，人間の"こころ"の問題にアプローチする"心の専門家"です。(中略)日本には心の問題に取り組む職種として，心理カウンセラー，サイコセラピスト，心理相談員などの名称で呼ばれる人々がいますが，それぞれに明確な資格があるわけではありません。それに対して『臨床心理士』は，公益財団法人日本臨床心理士資格認定協会が実施する試験に合格し，認定を受けることで取得できる"心理専門職の証"となる資格です。」

また，臨床心理士はその職種の専門性を示す軸として，①臨床心理査定，②臨床心理面接，③臨床心理学的地域援助，④臨床心理学に関する調査・研究の実施，という4つの柱を大切にしています。

## (3) 認定心理士

1990年に誕生した日本心理学会認定の資格です。日本心理学会のサイトでは，次のように紹介されています。

> 「心理学の専門家として仕事をするために必要な，最小限の標準的基礎学力と技能を修得している，と日本心理学会が認定した人のことです。」

さらに，認定心理士にはその上位資格として，「認定心理士（心理調査）」(通称：心理調査士) という資格もあります。これらの資格は，必ずしも心理職の業務に直結する資格ではないため，大学で心理学を学んだという証にとど  まってしまいますが，心理学を多様な視点で専門的に学んだという自信につながるかもしれません。

### 13.1.2　資格を取得することがゴールではない

この他にも臨床発達心理士や学校心理士など，「心理士」「カウンセラー」の名称がつく資格は多岐にわたります。しかし，資格を取得することは1つの通過点でしかなく，さらに，その資格を取得したからといって，必ずしも理想とする仕事に就けるということではありません。特に，公認心理師や臨床心理士は対人援助に関する資格でありながら，社会福祉士などの他の対人援助に関する資格と比べて取得に要する時間が長いという特徴があります。

資格の取得に長い時間を要しながらも，心理職は世の中に必要とされており，資格はその仕事に従事するにあたって必要な知識や技術を学んだ証になります。車の運転免許を取得するのにも費用と時間がかかります。免許を取得すれば車を運転できますが，免許を取得した人が必ずしも車を運転するとは限りません。しかし，車を運転するためには交通ルールや操作方法，マナーなど，たくさんのことを学ばなければなりません。公認心理師や臨床心理士などの資格においても，根本にあることは共通していると考えます。

## 13.2　心理学を生かした仕事

さて，心理学を生かした仕事にはどんな仕事があるでしょうか。「心理職」には，心理検査を中心に行う人もいれば，カウンセリングを中心に行う人もいます。一方で，研究を専門とする人もいます。ここでは，私が勤務してきた・している仕事について紹介します。心理学を学んだからといって心理職として働いているのか，というとそうでもありません。しかし，心理学を学んだ経験を仕事に生かすことができる場面は思いのほか身近にあるのです。

### 13.2.1　福祉の現場で働く

「福祉」と聞いてどのような仕事をイメージするでしょうか。高齢者の介護，子どもと遊ぶ，障害者の支援など，多岐にわたります。私が働いた現場は障害児の通所施設でしたので，児童福祉と障害者福祉の両方から成り立つ現場でした。ここでは，障害児・者の福祉施設での仕事を紹介します。

私が働いた施設は，「放課後等デイサービス（放デイ）」という小学生から高校生が放課後に通う場所でした。そこでは，"療育"という子どもたちの成長

を支援する活動が行われています。具体的には，ものの数え方や文字の練習といった学習活動，紙すきやリサイクル活動といった作業的活動，好きな遊びを楽しむ余暇活動です。私が勤めていた放課後等デイサービスは，保育士が多く所属しており，心理職は私一人でした。そこは，特別支援学校に通う子どもたちが利用していましたので，子どもたちのハートをつかむプロである保育士さんから常に新しい発見と学びが得られる毎日でした。その一方で，心理職としてできることは何かを模索する日々でもありました。「心理職とは……？」という職業に対するぼんやりとした理想に縛られたり，「自分は保育士じゃないのに……」という葛藤を抱いたりしました。

　心理学とは，人間を探究する学問です。「心理職だから○○ができる」ということではなく，「心理学を学んできた者として，目の前の子ども（の発達）やその家族の幸せ（福祉）」にどのように貢献できるのかを考えるようになったとき，自分にできることがぼんやりと見えてきました。

### 13.2.2　教育の現場で働く

　「教育」と聞いてどのような仕事をイメージするでしょうか。学校の先生になって何かを教える，スクールカウンセラーとしてカウンセリングを行うなど，学校のなかでの仕事をイメージするのではないでしょうか。ここでは，学校現場での仕事について紹介します。

#### （1）教　　員

　学校の先生は，教員免許が必要な先生と必要のない先生の2種類に分けられます。前者は，幼稚園から高校，特別支援学校の先生になるために必要な資格です。教員免許は大学に通い，教職課程を修めることで取得できます。後者は，大学や専門学校の先生になります。教員免許を持っている先生もいますが，ほとんどの先生は研究者や実践家です。大学院まで進学して修士号や博士号を取得した研究者や，特定の資格を取得してその資格を生かした現場で長年にわたり実践を積んだ人になります。最近では，現場で実践を積む過程にある若い人が本業と並行して非常勤講師として勤務する形態も増えてきているようです。私も現在に至るまで福祉施設や医療機関での勤務を軸にしながら，医療系専門職を養成する専門学校の非常勤講師をしています。

## (2) スクールカウンセラーとスクールソーシャルワーカー

スクールカウンセラー（以下，SC）は，1995年から始まった事業です。文部科学省のサイトでは，次のように紹介されています。

> 「近年のいじめの深刻化や不登校児童生徒の増加など，児童生徒の心の在り様と関わる様々な問題が生じていることを背景として，児童生徒や保護者の抱える悩みを受け止め，学校におけるカウンセリング機能の充実を図るため，臨床心理に専門的な知識・経験を有する学校外の専門家を積極的に活用する必要が生じてきた。（中略）スクールカウンセラーは非常勤職員で，その8割以上が臨床心理士である。また，相談体制は1校あたり平均週1回，4〜8時間といった学校が多い。」

スクールソーシャルワーカー（以下，SSW）は，2008年から始まった事業です。文部科学省のサイトでは，次のように紹介されています。

> 「教育分野に関する知識に加えて，社会福祉等の専門的な知識や技術を有するスクールソーシャルワーカーを活用し，問題を抱えた児童生徒に対し，当該児童生徒が置かれた環境へ働き掛けたり，関係機関等とのネットワークを活用したりするなど，多様な支援方法を用いて，課題解決への対応を図っていくこととする。」

SCとSSWの違いについては表13.2を参考にしてください。私は両方の職種を経験しました。SCは，本人や保護者に直接関わる機会が多く，SSWは本人や保護者とも関わりますが，学校の先生や関係機関（例えば，行政機関や福祉施設）と連携を取りながら，本人を取り巻く環境に関わる機会が多くあります。ただし，それぞれの専門性を大切にしながらも，それに縛られず，子どもやその家族，学校のためにどのように貢献できるのかを第一に考えて行動することが大切なように思います。

**スクールカウンセラー（SC）とスクールソーシャルワーカー（SSW）の違い**

| SC・SSW に共通する校内業務 | |
|---|---|
| ・相談活動（子ども，保護者，教員など）<br>・子ども・保護者・教員間の橋渡し（中立的な立場から）<br>・支援計画の立案（専門性にもとづいた助言をする）<br>・教員研修の企画・実施　など | |
| SC ＝心のケア | SSW ＝環境のケア |
| ・心理状態の査定（分析）<br>・心理状態の向上を目的とした助言やカウンセリング<br>・問題を予防するための心理教育（子どもへの授業など） | ・成育歴や家族環境の検討<br>・福祉制度の紹介・利用の支援<br>・関係機関との連携・調整（虐待ならば児童相談所など） |

出典）小川（2021）を著者一部改変

### 13.2.3　医療の現場で働く

　現在，私は精神科・児童精神科の心理職として，心理検査の実施や発達障害の当事者グループの運営をしています。発達障害の診断を受けた人やそれが疑われる人たちへの関わり方など，心理職としての専門性が求められる場面が多くあります。その一方で，私自身も発達障害の診断を受けており，その当事者性を生かしながら，ピア的（同じ立場や経験をした人がその経験に基づいて同じ立場や経験をしている人を支援する）に働く場面もあります。このような経験を重ねていくなかで，当事者性を持った人がどのように社会に適応していくかということが現在の研究テーマになっています。人にはいろいろな特性がありますが，お互いにその特性を理解していくことが重要であると思います。現在は，私自身が受けてきた解説が患者さんやその周りの人たちに必要な解説となることもあり，学んできたことや経験してきたことが誰かのために生かされていると感じる場面が増えてきました。

## 13.3　心理学を学んだ経験をどのように生かしていくか

　最後に「心理学を学んだ＝心理職になる」だけではないことをお話ししたいと思います。

　現在，私は，SCや医療機関の心理職としてカウンセリングや心理検査を行いつつ，非常勤講師として心理学を教えています。しかし，心理職という肩書で働くことだけが心理学を学んだ人のたどり着く場所ではないと思うのです。なぜなら，私は社会福祉法人の放課後等デイサービスで勤務していましたが，3年目に施設管理の部署に異動になりました。その部署での業務内容を少しだけ紹介すると，ある日はパソコンを分解し，ある日は広報誌をつくり，冬になれば施設周辺の雪かきに勤しむ日々でした。この間，いわゆる"心理職らしいこと"はしていません。しかし，私が勤めた部署は職員の業務が円滑に進むように職員の後方支援を行う部署であったと思っています。困った職員がいれば，どうすれば安心して業務に臨むことができるのかを考え，職員や利用者に対するアンケートを行う際にはどのような質問の構成であれば正確な結果が得られるか，さらにどのように分析，考察を行うかということを考えました。これらは，心理学を学んだからこそ生かせる視点であると思います。

## 13.4　おわりに：心理学を学ぶことは，人間を学ぶこと

　私の大学時代の仲間たちも心理職の道には進まなくとも，心理学を学んだ経験を生かしながら働いています。生きていく限り，私たちは人と関わり続けます。どんな人にも心があり，人の数だけ多様な心が存在します。思考や感性の違いもその1つです。日々の暮らしのなかで，心理学を学んだ経験や心理学的な視点を持ち続けることは，常に人としての成長をもたらし続けてくれることでしょう。「心理学＝心理職」ではなく，「心理学＝人間の幸せに貢献する」という視点を持つこと，そして，学んだことは人生の糧として必ず生かされる場面があるということを心にとどめていただければ幸いです。

**┃引用文献┃**

厚生労働省　(n.d.).　大学及び大学院における公認心理師となるために必要な科目及び含まれる事項．https://www.mhlw.go.jp/stf/newpage_02912.html（2023年12月5日確認）
小川　翔太　(2021).　スクールカウンセラーとスクールソーシャルワーカー（静岡福祉大学教員ブログ）．https://suw.ac.jp/news/teacher/psychology/30225.html（2023年12月5日確認）

# 第14章

# 心理臨床における米国留学という選択肢

## 大学からポスドクまでの米国留学経験を通して

▶佐藤 徹男◀

　米国で心理職というと，博士号を持つサイコロジスト（psychologist）と，修士号レベルのマリッジ・ファミリーセラピスト（Marriage and Family Therapist: MFT）や認定専門カウンセラー（Licensed Professional Counselor: LPC）が挙げられます。どちらもメンタルヘルスの専門家で心理療法を行うことは同じですが，大きな違いは，サイコロジストのみが心理査定を実施できることです（いくつかの州では修士号レベルの学位で心理査定を実施できます）。日本の公認心理師は心理面接（カウンセリング）と心理査定（アセスメント）の両方を行うので，本章では公認心理師とサイコロジストを比較しながら説明します。

## 14.1　日米の心理職の役割や制度の違い

　公認心理師の役割は大きく分けて4つあります。クライエントへの心理面接，関係者への面接，クライエントへの心理査定，そして心理教育・情報提供です。公認心理師はクライエントに主治医がいる場合には，その主治医の指導のもと心理面接や心理査定をします。一方，米国のサイコロジストは独立して心理面接や心理査定を実施でき，診断をすることもできます。例えば，医師とサイコロジストがチームを組んでクライエントを心理査定するときは，その医療施設によって役割が違います。私の経験ですが，発達障害が疑われる幼児を査定する専門の医療施設で働いていたときは，心理査定は診断するための重要な要素となるため，心理査定をしたサイコロジストが診断を担当していました。また，5つの州では追加のトレーニングを受けると薬

を処方する権利も得られます。これらを考慮すると，米国のサイコロジスト
は場合によっては医師と同等の立場と言ってもよいかもしれません。

　公認心理師は日本の国家資格であり，必要な科目を開講する大学で学び，
その後，大学院修士課程を修了するか，または認定された施設で2年以上の
実務経験を積むことで公認心理師試験の受験資格を得ることができます。一
方，米国のサイコロジスト免許は各州のライセンス・ボードと呼ばれる機関
で定められているので若干違いますが，米国心理学会（American Psychological
Association: APA）から認定された博士課程を修了することが1つの基準となっ
ています。博士課程の最終年度は1年間インターンシップ（学外でのフルタイム
の実習）をする必要があり，その後さらに1年間のポスドク（博士課程修了後に就
く臨床・研究のトレーニング）が必須となっている州がほとんどです。米国全州共
通のサイコロジスト試験に合格し，各州の法律に関する試験にも合格すると
サイコロジストの免許が取得できます。

## 14.2　日米の大学での教育

　日本の授業は1科目2単位で90分の授業が週に1回あり，15週間の授業
が一般的です。一方，米国での授業は，セメスター制であれば，1科目3単
位で50分授業が週に3回，もしくは75分授業が週に2回あり，15週間の授
業が一般的です。単純計算で，日本の大学は1科目1350分，米国は2250分
の授業があります。授業だけでも米国は1つの科目に日本の2倍弱の時間を
かけて勉強します。また，日本の授業ではテキストを使う教員もいれば，オ
リジナルの資料を使う場合もあります。米国では必ずと言ってよいほどテキ
ストを使います。日本の心理学のテキストはA5判で200ページ前後のもの
が多いです。一方，米国でよく使われるテキストはA5判の2倍弱の大きさ
で，600ページ前後のものが多いです。言語による文字の長さの違いはあり
ますし，必ずしもテキストの隅から隅まで読むわけではありませんが，日本
と米国ではテキストの大きさもページ数もずいぶん違い，米国のほうが1つ
の科目で扱う知識の量はかなり多い印象があります。

　日本も米国も卒業するための単位数に大きな違いはなく，120単位強で
す。しかし，大学生が実際に履修する心理学の単位数は日本のほうが多いよ

うです。公認心理師の資格を取るためには大学で25科目を履修する必要がありますが，それらの科目以外にも多くの心理学の科目を取る学生がほとんどです。一方，米国の大学では開講されている心理学の科目自体はとても多いのですが，一般教養の必修科目がとても多く，日本の大学生ほど多くの心理学の科目を取るのは難しいと思います。

## 14.3　日米の大学院での教育

　本節では，日本で博士課程まで進学したと仮定して，日本と米国の心理職教育と比較したいと思います。

### 14.3.1　大学院の特徴

　日本では学部卒業後，2年間の修士課程，そして3年間の博士課程と進むことが考えられます。一方，米国では学部卒業後すぐに博士課程に進むことができます（米国の博士課程は修士号の学修内容も含めた教育課程を示します）。博士課程への入学は競争が激しく，242校の臨床心理学（clinical psychology）専攻の博士課程への調査によると，全体の合格率は12.8％でした（APA, 2019）。そのため，学部卒業後に研究室に残って1〜2年研究した後に博士課程に入学する人や，修士課程に進み修士号取得後に博士課程へ入学する人がいます。

　米国の博士課程には，より研究に重点を置いたPh.D.（Doctor of Philosophy）と，より臨床に重点を置いたPsy.D.（Doctor of Psychology）の2種類があります。Ph.D.プログラムでは総合試験に合格し，博士論文を書く必要があります。また博士課程に在籍中はティーチングアシスタント（TA）やリサーチアシスタント（RA）として週20時間学内で働くことで，授業料免除と手当が与えられます。一方，多くのPsy.D.プログラムはプロフェッショナルスクールという大学ではない高等教育機関で学びますが，Ph.D.と違いTAやRAをすることは少なく，学費や生活費は自ら工面する必要があります。

　日本の心理臨床に当てはまるのは臨床心理学（clinical psychology）だけだと思う人も多いと思いますが，米国でサイコロジストとして臨床をするには，臨床心理学（clinical psychology），カウンセリング心理学（counseling psychology），学校心理学（school psychology），またはこれらの融合分野で博士号を取得する必

要があります (APA, 2015)。この 3 つの分野は少し違いますが，免許はサイコロジストという同じものです。臨床心理学とカウンセリング心理学はともに子どもから大人までを対象に心理査定，診断，心理療法，心理教育などの予防を専門としていますが，臨床心理学は神経科学の知識もあり精神病理学により重点を置いています。カウンセリング心理学はキャリアカウンセリングなどの専門性もあり，より文化などの背景を考慮したアプローチを取ります。また，学校心理学は子どもを専門としており，学校や医療機関などの施設で，子どもやその家族を対象に心理査定，診断，心理療法，心理教育などの予防を専門としています。

## 14.3.2　大学院での授業

　公認心理師は修士課程での必修科目は 10 科目で，各大学院独自の科目や研究科目などを含めると 40〜50 単位修得することが必要なことが多いようです。博士課程では，公認心理師に関する制約がなく，博士論文を書くという研究が主な目的です。したがって，研究に関する単位のみが必要な博士課程もあれば，臨床に関する科目も数科目必要な博士課程もあります。

　一方，米国でサイコロジストになるための必要な教育は博士課程のみです。Ph.D. プログラムを修了するまでにかかる年数は最低 5 年で，5〜7 年くらいかかるのが一般的です。修士号を取得後に Ph.D. プログラムに入学した場合は，最低在籍年数の 5 年からマイナス 1 年という場合が多いです。必要な単位数はプログラムによって異なり，90〜110 単位くらいが一般的です。

　APA 認定の博士課程では，表 14.1 に示したとおり，学生は最新のエビデンスに基づいた 9 つの職業能力を身につける必要があります。そのために博士課程ではさまざまな科目が用意されてカリキュラムが成り立っています。これらの職業能力のうち，査定と介入について述べたいと思います。

┃ **表 14.1** ┃
**博士課程で身につけるべき職業能力**

①研究，②倫理規範と法律規範，③個人と文化の多様性，④職業上の価値観，態度，行動，⑤コミュニケーション能力および対人関係能力，⑥査定，⑦介入，⑧スーパービジョン，⑨コンサルテーションと専門職間／学際的スキル

出典）APA（2015）

## (1) 査　定

　日本での一般的な心理査定は，心理検査を実施し，結果をまとめ，医師などへ報告することを指します。一方で，米国での心理査定は，心理検査を実施し，結果をまとめ，生育歴や面接内容などのさまざまな情報を統合して診断を決め，クライエントへ結果と診断を報告し，今後の治療計画を示すことまでが一般的です。日本では公認心理師科目に関して，精神障害を診断するときに一般的に使われる「精神疾患の診断・統計マニュアル（Diagnostic and Statistical Manual of Mental Disorders: DSM）」を専門的に勉強する科目はありません。しかし，米国ではサイコロジストが「何を査定するのか」から「診断と今後の方針をクライエントへ話す」までを独立して行うので，博士課程では心理査定に関する知識や技術，そして DSM を徹底的に理解し，ポスドクを終える頃には独立して診断できる技術を身につけることが必須となります。

## (2) 介　入

　介入には，直接的な介入の心理療法や，間接的な介入である予防や心理教育があります。心理療法にはさまざまな種類がありますが，米国の大学院ではエビデンス（研究で示された効果）に基づくさまざまな心理療法を学び，博士号を取得する頃にはクライエント自身や彼らの課題を理解したり，解決策を探し出したりするための枠組みとなるセラピューティック・オリエンテーションというものを決め，その心理療法のエキスパートになることが求められます。米国では認知行動療法だけでなく，精神力動や人間性心理学系のさまざまな分野の心理療法が研究され，それぞれエビデンスが蓄積されています。したがって，さまざまなセラピューティック・オリエンテーションを用いるサイコロジストがいます。

　筆者が日本の大学院で心理療法を教えていたとき，認知行動療法系の最新の心理療法（マインドフルネス認知行動療法やアクセプタンス＆コミットメント・セラピーなど）に関する書籍は翻訳も含めてたくさんありましたが，認知行動療法とともに米国で一般的に使用されている心理療法である精神力動や人間性心理学の最新の書籍はかなり少なく，日本語の資料を使って米国で一般的な心理療法を説明するのに大変苦慮しました。日本では米国で一般的に使われてる最新の心理療法を学ぶ機会がかなり限定されている印象があります。また，

米国は移民の国ということもあり，多文化心理学を心理療法の実践に取り入れることが必須です。日本でもさまざまな社会文化的背景やそれに伴う価値観を持つ人が増えていまが，臨床的介入に多文化心理学を取り入れることを学ぶ機会も限られていると思います。

### 14.3.3　大学院での実習とスーパービジョン

　日本と米国の実習を比較する前に，職場での文化の違いを述べたいと思います。日本の企業は昔からオン・ザ・ジョブ・トレーニングを大切にしていて，若い社員を実際の仕事を通して丁寧に指導し育てていく文化があり，心理の現場もそれに近いと思われます。修士を卒業したばかりの新人の心理職は，周りの先輩心理職からその職場特有の事柄も含めいろいろ教えてもらいながら，少しずつ一人前になっていきます。一方，米国は教育機関でできるだけ多く経験を積んで専門性をある程度高めてから，その専門性に合う職場に就職するという文化があるように思います。また，米国のサイコロジストは就職後すぐに中間管理職として修士レベルの心理職の上司になることもあり，たとえサイコロジストが他にいない職場に就職しても即戦力として働くことができるくらいのトレーニングが求められています。

　日本の修士課程での実習は，450時間以上と規定され，ケースを担当することになっています。しかし，ケース数の規定はありません。最低2年間の実務経験が必要な場合では，3例以上のケース担当が必須です。私の肌感覚では，修士課程で1〜2ケースを担当するというのが実習の実態ではないかと考えます。実習生がケースを担当するときには必ず指導員からの指導を受ける必要があり，その指導のことをスーパービジョン（SV）と言います。SVに関して，指導者と実習生の数の規定はありますが，指導の具体的な時間数や形態等の規定はないようです。大学院で実習が必修なのは修士課程在籍時のみなので，博士課程入学後に臨床を続けるかどうかは，個人の意思に委ねられます。実際には授業の負担もかなり減るので，非常勤として医療施設等で働きながら臨床の技術を磨き続ける学生が多いように思われます。SVも必須ではありませんが，志の高い学生は自己負担でSVを受ける人もいます。

　米国では，APAによるインターンシップ前の博士課程在学中の実習時間の

規定はありませんが，博士課程の2〜4年目まで学期期間中は週に丸2〜3日実習を行うことが一般的です。最終年度のインターンシップ前の実習時間に関する統計資料では（Association of Psychology Postdoctoral and Internship Centers, 2018），直接介入と呼ばれる個人または集団へ心理療法を実施した時間の中央値が609時間，心理査定を実施した時間の中央値が175時間でした。これらの時間は見学や介入の事前準備，事後の記録書きなどの時間は含まれません。介入に関しては609時間なので，単純計算で1ケースにつき10回の心理療法を実施したとして，60.9人のケースを担当したことになります。インターンシップを1年間実施した後に，ポスドクとして最低1年間，さらなる臨床・研究トレーニングを受けるのですが，どちらも2000時間以上実習する規定があります。一般的にインターンシップ前の実習もインターンシップやポスドクも，働いている時間の半分を心理療法や心理査定に費やすことが1つの基準となっています。

　SVについて，APA認定のインターンシップでは明確な規定があります。週に最低2時間の個人SVが必須であり，グループSVと合わせて週に4時間が必須です（APA, 2015）。インターンシップ前の実習やポスドクでもある程度，この基準に準じた形でSVが行われています。前項で説明したように心理療法を広く深く学び，たくさんの実習時間をかけて適切なSVを受けつつ実践することで，徹底的に心理療法の技術を磨くことができるのが米国の博士課程の魅力の1つだと思います。

### 14.3.4　大学院での研究

　日本と米国の大学院での研究も大きく違うように思います。日本の修士課程や博士課程では研究法や統計の科目が少なく，所属する研究室の指導教員から直接必要な研究法や統計を学んだり，同じ研究室の先輩から学んだりすることも多いと思います。一方，米国の博士課程では，研究法や統計の科目を数科目履修する必要があり，専門とする教員がこれらの科目を担当します。研究自体は指導教員が研究室全体の研究指導を行います。私の個人的なイメージかもしれませんが，日本の大学院では研究室がメインになって研究に関する技能を学んだり，実際に研究を進めたりしていくという手厚い指導があり，指導教員の裁量がとても大きい印象があります。一方，米国では一

般的な研究の方法や統計は専門の教員が教え，研究室では指導教員が専門の研究を指導するという，博士課程全体で学生を研究者に育てる印象があります。

## 14.4　おわりに

　米国で臨床に関する心理学を学ぶことはとても意味のあることだと思います。特に心理臨床に関する博士課程への留学は，授業，実習，そして研究と日本にはない経験をもたらしてくれるでしょう。研究に関しては，米国へ行きポスドクをすることができればさまざまなことが学べるかもしれません。しかし，臨床に関して，最新のエビデンスのある心理療法や心理査定を徹底的に学び，多くの時間を費やす実習でSVを受けつつ実践し徹底的に技術を身につけることは，実際に博士課程へ留学しなければできない経験です。米国の臨床領域に関する研究は，幅広い知識と多くの臨床実践に基づいた上で研究が実施されているように思います。また，研究された知識を実際の臨床に取り込むことで，研究と臨床のよい循環が起こっているようです。本章を読んで，米国で臨床領域の博士課程に進みたいと思ってくれる人が少しでも増えてくれれば，とてもうれしく思います。

■付　記■
　北里大学の村瀬華子教授には，原稿が完成する前にもかかわらず助言をくださり，大変感謝いたします。

■引用文献■

APA (American Psychological Association). (2015). Standards of Accreditation for Health Service Psychology. https://www.apa.org/ed/accreditation/about/policies/standards-of-accreditation.pdf（2023 年 3 月 20 日確認）

APA (American Psychological Association). (2019). Admissions, Applications, and Acceptances. https://www.apa.org/education/grad/survey-data/2019-admissions-applications.pdf（2023 年 6 月 7 日確認）

Association of Psychology Postdoctoral and Internship Centers. (2018). 2018 APPIC Match: Survey of Internship Applicants Part 1: Summary of Survey Results. https://www.appic.org/Internships/Match/Match-Statistics/Applicant-Survey-2018-Part-1（2023 年 5 月 28 日確認）

# | コラム⑦ |

# 心理学が人生の道に

## 臨床心理学にひかれて

▶重松 潤◀

　私は，認知行動療法という心理療法を専門とし，公認心理師・臨床心理士と
しての臨床実践と研究活動を行っています。

## ●心理学との出会い・進学の動機

　心理学を選んだのは，消去法の結果でした。進路を考えるとき，特に将来の
夢はありませんでした。何となく「学校の先生になるかも」と思っていたので
すが，しっくりきませんでした。でも，誰かの役には立ちたいという思いはあ
りました。あれやこれや考えているなかで，カウンセラーについて知りまし
た。そのとき「人とお話しするだけで仕事になるんだ」と思ったのが，心理学
を学べる大学に進むことになった1つの理由です。その後，心理学，特に臨床
心理学に触れるなかで，何と浅はかな高校生だったことかと思い知りました。

## ●大学生活

　もともとの読書好きが高じて（決して勉強好きではない），心理学関連の本
を読みあさりました。読めば読むほど，心理学を体系的に学び，研究するには
英語力と統計学の知識が不可欠であることを感じました。そのため，英語の勉
強をするためだけに，孤独に英語の講義を受けたり，統計学の担当の先生を質
問攻めにしたりしていました。高校では文系だったので，統計学の勉強はとっ
つきづらかったです。でも，講義が面白く，分かりやすかったこともあり，数
式を扱うことも楽しくなりました。さらにその統計学の知識が心理学の学びに
つながり，ほんとに勉強するのが楽しくなっていったのを覚えています。

　ここまでくると，もはや勉強をしている，という意識はありませんでした。
今でも，まったくないです。同じコースの友人やゼミの先生と心理学の話をし

ている瞬間は，ほんとに楽しく，かけがえのないものでした。

　体を動かすのも好きだったので，部活動にも入って，副部長も務めました。また，間違いなく貧乏学生だったので，塾講師や家庭教師，書籍販売やイベントスタッフなどのアルバイトもしていました。特に，生活保護世帯の児童生徒を対象とした，NPO法人が経営する塾で講師をした経験は，今でも心に残っています。いろいろな人と関わった経験は，とてもプラスになりました。

●**心理学に出会って感じたファースト・インパクト**

　とにかく心理学は「広い」学問でした。「ヒトとはなんぞや」を追究する分野から，カウンセリングのような「心を癒す」ところに焦点を当てるところまで，とにかく広いです。そして，心理学は「心の理学」であることを実感しました。特に，カウンセリングは，ただ人の話を聴く営みではなく，データに基づいた理論を参考に行われることを学んだときは，その専門性の高さに驚きました。そして「極めてみたい」と思いました。

●**心理学を大学で学びたい人へ**

　私は今，心理学を専門とする研究者になり，学生に心理学を教えつつ，心理職として実際に心理的支援を行っています。大学で心理学に出会ったら，心理学が人生の道になりました。もちろん，いろいろな困難がありました。大学卒業後，大学院に進学し，心理職としてのトレーニングを本格的に始めることになるのですが，それからずっと，修行の人生です。臨床心理学の研究も，簡単ではありません。でも，それだけ魅力的な学問であることは間違いありません。臨床心理学は，「どのように人は心のしんどさを抱えるのか」「そのしんどさはどうすれば癒されるのか」を考える学問ですが，いまだに正解が見つかっているわけではありません。人生かけても，はっきりとした正解が見つかるとは思っていません。それでも前に進み，自分の存在が目の前の困っている人の手助けに，少しでもなるように努めなければなりません。この道のりは険しいものがありますが，とても意義のあるものだと思っています。

　願わくば，心理学の「勉強」にとどまらず，心理学の「研究」をすることにも興味を持っていただけるとうれしいです。いつかみなさんと一緒に「人って心って何なんだろうね」と議論できたら，こんなに楽しいことはありません。

# 編者おわりに

　本書を手に取っていただき，そして最後までお読みいただき本当にありが
とうございました。心理学に対する新しい発見はありましたでしょうか。大
学で学ぶことのイメージは少し具体的になりましたでしょうか。お読みいた
だくなかで，心理学の豊かさに心躍る瞬間がもしありましたら，これに勝る
喜びはありません。

　さて，本書は日本心理学会の若手の会で企画しました。若手の会は2013年
の設立以降，若手の交流促進，幅広い分野の研究・教育・応用を融合し，心
理学の今後の発展や社会に貢献していくことを目的にさまざまな活動をして
きた団体です。これまでに高校生・大学生を対象とした進路相談会やイベン
トの開催をしてきましたが，そのなかで心理学を学ぶことに対するさまざま
な不安や悩みをお聞きしました。

　心理学は，高校までの授業科目には存在しない一方で，それっぽい解説を
するいわゆる「トンデモ心理学」は，世間にあふれています。そして，心
は，形もなく，変化しやすく，誰一人として同じものはなく，正解もなく，
捉え方次第でどのような見方もできてしまうような性質を持っていることか
ら，「客観的，実証的，普遍的……」といった科学の性質・イメージと反する
ように感じることがあるかもしれません。

　そのため，このように捉えることが難しいものを人生をかけて学ぶ対象と
してよいのか，自分が社会人になったときに「使える」確固たるスキルを身
につけることができるのかといった不安を感じることがあっても仕方がない
と思います。私自身も心理学を学んでいると言うと，周りの人からこのよう
な疑念をぶつけられることが多々ありました。

　しかし，心理学は間違いなく科学です。そして，心理学を学ぶことで社会
のなかで非常に役立つスキルを身につけることができると私自身は感じてい
ます。本書を読んでくださった方は，執筆者一同もきっと私と同じ思いだと

いうことを感じていただけたのではないでしょうか。

　なぜか。まず，心理学は「科学とは何か」ということに，真正面から全力で取り組んできた経緯があるからです。問いの立て方，観察の仕方，実験・調査計画の立案から実行，データの扱い方，分析の仕方，科学的な文章の書き方，図表のつくり方，発表の仕方，再現性の問題といった科学的な研究の手続きの始まりから終わりまでのすべてのプロセスについて，他の分野の学問に比べても特に厳密に検討していますし，最新の科学的手法をどんどん取り入れ，統合し，進化させてきました。そしてそれは，心理学を学ぶ私たちも同じで，基礎的な方法論を学んで土台づくりをしっかり行い，常に科学的手法を学び続けています。

　そして，「役立つか」という点についてですが（学問を「役立つかどうか」という指標で測ることの是非についての議論は置いておくとして），自信を持ってイエスと答えます。それは，心理学がさまざまな事象に対して基礎的で普遍的な知見を提供する科学の手続きに則っているということに加えて，学際性・応用性の高さも挙げられます。本書を読まれたみなさんは，心理学を学び始めるきっかけ（入口），内容，進路（出口）の多様さに驚かれるところもあったのではないでしょうか。「目の前の誰かのために」「社会システム全体や未来のため」と対象はさまざまですが，心理学は，私たちの個人的な関心，社会的な関心の両方に応え，時代の多様なニーズに応えます。心理学は今を生きる人の思いに寄り添い，よりよい未来を想像し，コミュニケーションしデザインしていくためのツール（科学的手法）であり，それを学ぶことはあらゆる場面で役立つでしょう。

　先述したように，心理学を学ぶ前に感じる不安に応えたいとの思いで本書を企画しました。心理学への誘いを目的とした書籍は数多く出版されていますし，心理学の学問的な意義や，社会的意義，諸学問のなかでの位置づけなどについてまとめられたものはありますが，本書はそうした総論には紙面を割きませんでした。本書は，執筆者一人一人が大学での学び・研究，進路，心理学への思いといった，個人的なストーリーを紹介することに重きを置いた点に特徴があります。心理学を学んでいる一人の人の目通じて，等身大の心理学を感じていただくことで，本書を手に取っていただいたみなさん自身の心理学を思い描いていただきたいという趣旨です。心理学は科学的な手続

きという基盤を持ちつつ，手法やテーマは時代の変化や進化とともに変容し続けています。心理学の学び方に正解はありません。心を探究することに対する真摯な志があれば，それを受け止める寛容さがあり，一人一人に多様な挑戦の場を与えてくれるものと思っています。

最後にお礼を記させていただきます。

まずは，本書の執筆に関して大変お世話になった誠信書房の小林弘昌さんに心より御礼申し上げます。本書の執筆者は全員若手で構成され，学業や修了に向けた準備，就職活動，キャリア形成，家庭と両立しながらの執筆となりました。その結果，執筆には予想以上の時間がかかり，多大なるご迷惑をおかけしましたが，辛抱強くお待ちいただき，的確で温かいお力添えをいただき，完成に至ることができました。私自身も，本書の企画・執筆期間は，着任1年目，第1子の出産・在宅保育期間と重なりました。編者の立場に甘え，他の執筆者の誰よりも締め切りを伸ばしてしまったことをお詫び申し上げます。

本書の執筆者は，日本心理学会の若手の会のメンバーが中心となっています。第I部は若手の会の幹事で構成され，第II部やコラムの執筆は若手の会のメンバーから募集しました。ありがたいことに多数の執筆希望をいただいたため，今回執筆のお願いをできなかった方もいらっしゃいますが，面談では，これから心理学を学ぶ方に伝えたい想いや心理学にかける想いをたくさんお聞きしました。同じ志を持つみなさんと本書の企画について考えることができたことはとても心強く，楽しく有意義でした。未熟な編者とともに歩んでくださった執筆者の皆様に拝謝申し上げます。

そして今回出版の機会をいただくことができたのは，日本心理学会の若手の会の先輩方，学会関係者の皆様のこれまでのご活動，ご支援の賜物と心より深謝いたしております。活動を温かく見守ってくださる若手の会委員会委員長・担当常務理事の佐藤隆夫先生，担当常務理事の石金浩史先生，誠にありがとうございます。また，若手の会として活動を本という形でまとめるということで，若手の会の創設された背景や，企画に込められた思いについて勉強したく，若手の会の創設メンバーでいらっしゃる中央大学の高瀬堅吉先生にご相談させていただきました。多くの有益な助言をいただくとともに，若手の会やサイエンスコミュニケーション，シチズンサイエンスの意義につ

いて考える貴重な機会をいただきました。いつもご支援いただいている若手の会関係者の皆様に心より御礼申し上げるとともに，引き続きご理解とご鞭撻をお願いする所存です。

　最後に，ここまでお読みいただいたみなさん，重ねてとなりますが誠にありがとうございました。本書が，みなさん自身の夢を考える一助となり，希望を持って進路を選択することを後押しできたなら，この上なく幸せです。一緒に未来の心理学をつくっていけることを願っています。


2024 年 3 月

編者　　讃井　知

# 索　引

▶編者紹介◀

**富田 健太**（とみた けんた）
2022 年　名古屋大学大学院情報学研究科心理・認知科学専攻修士課程修了（情報学）
現　在　名古屋大学大学院／日本学術振興会特別研究員，放送大学・椙山女学園大学・東海
　　　　医療技術専門学校・愛知みずほ大学非常勤講師
著書等　『「合う」のメカニズムを科学する』（編著，ミネルヴァ書房，2023 年）

**讃井 知**（さない さと）
2021 年　筑波大学大学院システム情報工学研究科社会工学専攻博士後期課程修了
現　在　上智大学基盤教育センターデータサイエンス領域特任助教，博士（社会工学）

▶著者紹介◀　（執筆順，所属等は初版発行時のもの）

**富田 健太**（とみた けんた）〔編者はじめに，第 1 章，第 10 章，11.1 節，11.2 節〕
〈編者紹介参照〉

**髙岡 祥子**（たかおか あきこ）〔コラム①〕
現　在　立正大学心理学部特任講師，博士（文学）

**工藤 大介**（くどう だいすけ）〔第 2 章〕
現　在　東北学院大学経営学部准教授，博士（心理学）

**宮坂 真紀子**（みやさか まきこ）〔第 3 章〕
現　在　北里大学医療衛生学部特別研究員，博士（美術）

**昆野 照美**（こんの てるみ）〔コラム②〕
現　在　北海道大学文学院博士課程，特定非営利法人北海道カラーユニバーサルデザイン機
　　　　構理事

**井上 和哉**（いのうえ かずや）〔第 4 章，11.4 節〕
現　在　立命館大学大学院人間科学研究科助教，博士（人間科学），公認心理師，臨床心理士

**讃井 知**（さない さと）〔第 5 章，編者おわりに〕
〈編者紹介参照〉

**上野 将玄**（うえの まさはる）〔第 6 章〕
現　在　公益財団法人たばこ総合研究センター研究部研究員，博士（行動科学）

**瀧川 諒子**（たきかわ りょうこ）〔第 7 章〕
現　在　早稲田大学文学学術院助教，博士（文学）

**前澤 知輝**（まえざわ ともき）〔第 8 章〕
現　在　筑波大学人間系 ITF 助教，博士（人間科学）

**近藤 竜生**（こんどう たつき）〔第9章〕
　現　在　名古屋大学大学院情報学研究科心理・認知科学専攻博士後期課程

**渡部 綾一**（わたなべ りょういち）〔コラム③〕
　現　在　京都大学大学院文学研究科特定研究員，博士（文学）

**緒方 万里子**（おがた まりこ）〔コラム④〕
　現　在　東京大学大学院教育学研究科博士課程

**合澤 典子**（あいざわ のりこ）〔コラム⑤〕
　現　在　お茶の水女子大学人間発達教育科学研究所特任リサーチフェロー，博士（人文科学）

**宮北 真生子**（みやきた まいこ）〔11.3 節〕
　現　在　横浜市児童相談所児童心理司，公認心理師，臨床心理士

**阪口 幸駿**（さかぐち ゆきとし）〔11.5 節〕
　現　在　文部科学省事務官，博士（理学）

**町田 規憲**（まちだ みのり）〔第12章〕
　現　在　早稲田大学大学院人間科学研究科博士後期課程，公認心理師，臨床心理士

**杉本 光**（すぎもと ひかる）〔第12章〕
　現　在　株式会社 Rodina

**青木 結**（あおき ゆい）〔第12章〕
　現　在　早稲田大学大学院人間科学研究科修士課程

**稲吉 玲美**（いなよし れみ）〔コラム⑥〕
　現　在　東京大学大学院教育学研究科特任講師，博士（教育学），公認心理師，臨床心理士

**瀧澤 颯大**（たきざわ はやと）〔第13章〕
　現　在　医療法人社団花水木札幌こころの診療所，公認心理師，臨床心理士，精神保健福祉士，社会福祉士

**佐藤 徹男**（さとう てつお）〔第14章〕
　現　在　北海道大学学生相談総合センター留学生相談室准教授，
　　　　　Ph.D.（Counseling Psychology），公認心理師

**重松 潤**（しげまつ じゅん）〔コラム⑦〕
　現　在　富山大学学術研究部人文科学系講師，博士（心理学），公認心理師，臨床心理士

心理学叢書

大学で心理学を学びたいと思ったときに読む本
──心の科学への招待

2024 年 5 月 15 日　第 1 刷発行

監 修 者　　日 本 心 理 学 会
編　　者　　富 田 健 太
　　　　　　讃 井 　 知
発 行 者　　柴 田 敏 樹
発 行 所　　株式会社 誠 信 書 房
〒112-0012 東京都文京区大塚 3-20-6
電話　03-3946-5666
https://www.seishinshobo.co.jp/
装幀　山本太郎（ツヅリ・ワークス）

## 心理学をまじめに考える方法
### 真実を見抜く批判的思考

キース・E・スタノヴィッチ 著
金坂弥起 監訳

人間について心の動きよりアプローチする“まっとう”な学問である心理学を真正面から論じた，批判的思考を身に付けるためのテキスト。

**A5判並製　定価(本体2700円＋税)**

## 大学で学ぶ心理学
### 学部生・大学院生のための専攻ガイドブック

P.J. シルビア / P.F. ディレーニー
S. マルコヴィッチ 著
金坂弥起 訳

講義の受け方，希望する研究室の見つけ方，学会発表の作法，就活時に心理学のスキルをアピールする方法等がこの1冊で理解できる。

**A5判並製　定価(本体2700円＋税)**

# イラストレート
# 心理学入門 [第3版]

**齊藤 勇 著**

心理学の入門書として、また大学の教科書として選ばれ続け、毎年増刷を重ねてきた大好評ロングセラーの第3版。入門的な内容と、かみくだいた解説は踏襲しつつ、性格の特性論や効果的学習法など、注目の研究動向も盛り込んだ。また、心理学史上のエポックメイキングな実験を分かりやすくまとめたトピックスも、イラストと構成を刷新してさらに分かりやすくなった。楽しく読んで、心理学の全体を見渡す知識を身につけることができる。

**A5判並製　定価(本体1500円＋税)**

# 誠信 心理学辞典
# [新版]

**編集代表　下山晴彦**
**幹事編集委員　大塚雄作 / 遠藤利彦 /
齋木 潤 / 中村知靖**

1971年『心理学辞典』、1981年『誠信心理学辞典』として刊行した辞典を33年ぶりに全面改訂。従来の用語の五十音順形式でなく、心理学を27領域に分け「総説」のあとに「大項目」「小項目」が続く、画期的な構成。

**本書の特色**
○心理学の全体像が見渡せる
心理学を27の領域に分け、「総説」「大項目」「小項目」の順に、より詳細に解説がなされる構成にした。
○新領域の追加
心理学検定に基づく22領域に加えて、「進化」「遺伝」「環境」「文化」「行動経済」など、今まで心理学分野として取り上げられることの少なかった領域も新たに追加した。
○人名辞典の充実
心理学で著名な研究者440名について、豊富な顔写真とともに解説。

**B6判上製函入　定価(本体5800円＋税)**

# 心理学叢書　日本心理学会が贈る、面白くてためになる心理学書シリーズ

●各巻 A5判並製　●随時刊行予定

## 脳の働きに障害を持つ人の理解と支援
### 高次脳機能障害の実際と心理学の役割

松井三枝・緑川 晶 編

高次脳機能障害と臨床神経心理学についての基礎的な事項をまとめた第Ⅰ部と、より応用的・実際的な事項をまとめた第Ⅱ部から構成されている。高次脳機能障害についての理解を深めることができる本書は、心理学の立場から何ができるのか、あるいは心理学に何が求められているのかを考えていくうえで必読の書である。

定価(本体2600円+税)　ISBN978-4-414-31127-3

## 医療の質・安全を支える心理学
### 認知心理学からのアプローチ

原田悦子 編

医療安全の問題について認知心理学の視点から迫る第Ⅰ部と、医療に関わる健康・死・ケアといった概念に関する心理学的研究を紹介する第Ⅱ部から構成している。よりよい医療を目指し、さまざまな方法で研究された成果と今後の展開がまとめられている。これからの医療のあり方を考えるための必読の書である。

定価(本体1900円+税)　ISBN978-4-414-31126-6

---

### 思いやりはどこから来るの？
── 利他性の心理と行動
髙木 修・竹村和久 編
定価(本体2000円+税)

### なつかしさの心理学
── 思い出と感情
楠見 孝 編
定価(本体1700円+税)

### 無縁社会のゆくえ
── 人々の絆はなぜなくなるの？
髙木 修・竹村和久 編
定価(本体2000円+税)

### 本当のかしこさとは何か
── 感情知性(EI)を育む心理学
箱田裕司・遠藤利彦 編
定価(本体2000円+税)

### 高校生のための心理学講座
── こころの不思議を解き明かそう
内田伸子・板倉昭二 編
定価(本体1700円+税)

### 地域と職場で支える被災地支援
── 心理学にできること
安藤清志・松井 豊 編
定価(本体1700円+税)

### 震災後の親子を支える
── 家族の心を守るために
安藤清志・松井 豊 編
定価(本体1700円+税)

### 超高齢社会を生きる
── 老いに寄り添う心理学
長田久雄・箱田裕司 編
定価(本体1900円+税)

### 心理学の神話をめぐって
── 信じる心と見抜く心
邑本俊亮・池田まさみ 編
定価(本体1800円+税)

### 病気のひとのこころ
── 医療のなかでの心理学
松井三枝・井村 修 編
定価(本体1800円+税)

### 心理学って何だろうか？
── 四千人の調査から見える期待と現実
楠見 孝 編
定価(本体2000円+税)

### 紛争と和解を考える
── 集団の心理と行動
大渕憲一 編
定価(本体2400円+税)

### アニメーションの心理学
横田正夫 編
定価(本体2400円+税)

### 消費者の心理をさぐる
── 人間の認知から考えるマーケティング
米田英嗣・和田裕一 編
定価(本体1900円+税)

### 認知症に心理学ができること
── 医療とケアを向上させるために
岩原昭彦・松井三枝・平井 啓 編
定価(本体1900円+税)